Carl Lawrence

Chinas Christen

Vom Überlebenskampf und Wachstum der Gemeinde Jesu unter dem Kommunismus

Verlag der Francke-Buchhandlung GmbH
Marburg an der Lahn

CIP-Kurztitelaufnahme der Deutschen Bibliothek

Lawrence, Carl:

Chinas Christen : vom Überlebenskampf u. Wachstum d. Gemeinde Jesu unter d. Kommunismus / Carl Lawrence. — Marburg an d. Lahn : Francke, 1986.
(Edition C : C ; Nr. 200)

The church in China <dt.>

ISBN 3-88224-466-6

NE: Edition C / C

Originaltitel: THE CHURCH IN CHINA

Umschlaggestaltung: Friedrich Haubner
Gesamtherstellung: Druckhaus Gummersbach

Edition C, Nr. 200

Inhaltsverzeichnis

Einführung

Die Entstehungsgeschichte dieses Buches reicht zurück bis in das Jahr 1968. Ich war damals gerade nach Hongkong gekommen, um beim Aufbau eines Communications Research Center mit besonderem Schwerpunkt auf der Volksrepublik China mitzuwirken.

Sie erinnern sich vielleicht daran, daß China 1968 eine denkbar schwierige Zeit durchmachte. Die Kulturrevolution war bis nach Hongkong übergeschwappt. Gar nicht so selten passierte es, daß man auf dem Weg zur Arbeit einen nicht explodierten Sprengkörper mit einer kommunistischen Flagge umgehen mußte. Jeden Abend bildete das Finanzviertel der Stadt den Schauplatz einer »spontanen« Pro-Mao-Demonstration.

Doch die Vorfälle in Hongkong vermittelten nicht einmal eine schwache Vorstellung von der Anarchie, die sich in China selbst ausgebreitet hatte.

Die Roten Garden wüteten im Land.[1]

Menschen töteten und wurden getötet.

Familien wurden auseinandergerissen, weil Väter und Mütter in »Umerziehungslager« gesteckt wurden.

Schulen wurden geschlossen, und das gleiche Schicksal traf auch die meisten Geschäfte und Fabriken.

Die Grenzen wurden hermetisch abgeriegelt; Informationen standen hoch im Kurs. Informationen über Menschen, denen auf die eine oder andere Weise die Flucht gelang, erregten nicht nur die Abscheu der zivilisierten Welt, sondern bestätigten auch auf erschütternde Weise die schlimmsten Vorstellungen von dem, was eine Führung ihrem Volk antun kann.

Jede Rundfunkstation in China spielte Militärmusik oder strahlte den vielstimmig gebrüllten Lobpreis Maos aus. »Der Ostwind herrscht über den Westwind, der Sieg ist unser, denn die Geschichte ist auf unserer Seite«, tönte es aus dem Munde von Millionen schreiender, fanatisierter Jugendlicher, die ihr »kleines rotes Buch« hochhielten, das zu den roten Armbinden paßte, die sie als Mitglieder der Roten Garden auswiesen.

Alle Musik aus dem Westen, von Mozart bis Mantovani, war verbannt, ebenso westliche Literatur oder Kunst. Wer immer solche »Kulturgegenstände« in seinem Besitz hatte, war ein »Konterrevolutionär« und mußte durch öffentliche Versammlungen mit »Selbstbekenntnissen« aus der Partei entfernt werden. Auf solche Bekenntnisse folgte das Urteil, das von Gefängnishaft bis zum Tode reichen konnte.

Mao und seine Roten Garden säuberten die Revolution. Das Schlagwort »Lang lebe der Vorsitzende Mao« trat an die Stelle jeglichen rationalen Denkens.

Heute, mehr als eineinhalb Jahrzehnte später, ist Mao tot, und seine Revolution, sein »kleines rotes Buch« und die Roten Garden sind in Ungnade gefallen. Wie Maos Leichnam verrotten sie als Relikte, die in den Abfalleimer der Weltgeschichte wandern.

Statt martialischer Musik kann man heute eine geschmuggelte Kassettte mit eindeutig kapitalistischen Songs hören.

Nicht nur Mozart und Beethoven hielten von neuem Einzug in China, sondern auch viele zeitgenössische westliche Popstars.

Die Menschen müssen nicht länger unter die Decke kriechen, wenn sie ausländische christliche Rundfunksender hören wollen. Meinungsforscher in Hongkong brauchen nicht mehr sieben Jahre auf Genehmigung Ihrer Umfragen warten, sondern können direkt nach China einreisen und persönliche Interviews durchführen.

Die eintönigen Mao-Jacken verschwinden allmählich aus dem Erscheinungsbild, zumindestens in den größeren Städten, und werden durch farbenfrohere Textilien ersetzt.
Violinen, Gitarren und Orchester traten an die Stelle von Militäropern.

Getreide und andere Massengüter werden mit der Zeit nicht mehr hinter bunten Glasfenstern eingelagert, denn manche Kirchen werden offiziell »wiedereröffnet«. Bibeln und andere »illegale konterrevolutionäre Gegenstände«, die sorgfältig in Ölpapier eingewickelt und vergraben worden waren, werden aus ihren Verstecken geholt.

Langsam beginnen die Menschen, in Gegenwart eines »Ausländers« zu sprechen, zu lächeln und sogar laut zu lachen.

Sachte, in wohlüberlegten Äußerungen und langen Pausen des Schweigens berichten sie allmählich von dem, das wirklich während der »großen Säuberung« geschah, die im Westen, nicht jedoch in China, fast romantisch als »Kulturrevolution« bekannt ist.

Wenn sie sprechen, treffen uns ihre Worte wie ein Keulenschlag. »Nein«, so möchten wir uns einreden und die Zeugnisse beiseitewischen, »das kann nicht passiert sein. Das ist doch ein Ding der Unmöglichkeit in einer Zeit, in der Menschenrechte, direkte Kommunikation, weltweite Presseberichterstattungen und Supergeheimdienste zur Alltäglichkeit gehören.« Die traurige und unausweichliche Tatsache bleibt jedoch, daß diese Dinge wirklich geschehen sind.

Dieses Buch will versuchen, etwas von dem Leid, Schmerz und Sieg dieser Jahre zu vermitteln.

Doch beim Lesen dieses Buches sollten wir uns unbedingt einige Dinge vor Augen halten.

1. Woher stammen die Informationen? Sind sie zuverlässig? Gerade dieser Punkt stürzte mich in Zwiespalt mit mir selbst. Während ich in einem Hotelzimmer in Hongkong das Manuskript schrieb, war ich mehr als einmal versucht, einen »historischen Roman« zu verfassen. Doch dann dämmerte mir die Erkenntnis, daß viele der tatsächlichen Ereignisse in einem Roman unglaubhaft, als Ausgeburt der Phantasie erscheinen würden.

Daher entschloß ich mich zu einer ganz einfachen Dokumentation: Der erste Teil enthält die Zeugnisse der Menschen in China, der zweite meine eigenen Beobachtungen. Ich hoffe, daß ich weitgehend der Versuchung zu kommentieren ausweichen konnte, doch gleichzeitig erkenne ich auch, daß »Objektivität« im günstigsten Falle ein schwieriges Ziel ist. Ich entschied mich dafür, die Zeugnisse mit einem Minimum an Kommentierung vorzulegen, und zur selben Zeit einer zweifachen Verpflichtung treu zu bleiben: den Menschen in China die Treue zu halten, die sich auf der einen Seite wünschten, daß dieses Buch geschrieben würde, auf der anderen Seite aber auch ihre Anonymität gewahrt wissen wollten. Manche lehnen sogar den Gebrauch von falschen Namen, Daten und Orten ab, da der Zufall es hätte mit sich bringen können, daß sich ein ähnliches Ereignis mit einer Person zutrug, deren Name fiktiv ins Spiel gebracht wurde.

Viele hier veröffentlichte Informationen sind noch immer sehr heikel. Die Chinesen sind sich auf schmerzliche Weise bewußt, daß das Unmögliche in China oftmals eintritt — nicht einmal, nicht zweimal, sondern viele Male. Deshalb war es notwendig, falsche Namen zu verwenden, sofern es sich nicht um allgemein bekannte Persönlichkeiten handelt. Auch auf Städte, Bezirke und ähnliches wird nur in allgemeinen geographischen Begriffen Bezug genommen. Auf die physikalische Beschaffenheit von Orten oder Menschen kann nicht sonderlich detailliert eingegangen werden, um eine Identifizierung zu verhindern. Es wird alles unternommen, um diejenigen nicht zu gefährden, die bereit waren, von ihren Erfahrungen zu berichten.

Für uns, die wir in einer freien Gesellschaft leben, scheint dieses Problem belangslos. Für Menschen, die ihre Familie, ihren Beruf, ja in vielen Fällen ihre persönliche Freiheit verloren haben, kommt dieser Überlegung große Bedeutung zu. Wir müssen uns daher ihrer Sicht der Dinge anschließen.

Zwei große Kampagnen sind noch frisch im Gedächtnis vieler Chinesen: »Laßt hundert Blumen blühen, laßt hundert Gedanken wetteifern«, und die »Kulturrevolution«.

Die erste Kampagne nahm Mitte 1956 ihren Anfang. Nach sieben Jahren geistiger Unterdrückung gab es eine offizielle »Liberalisierung« mit dem Ziel der »freien Meinungsäußerung«. Das betraf vor allem die Intelligenzschicht. Das Unerwartete trat ein: eine wahre Sturzflut der Kritik an fast allen Aspekten des Systems, der Partei und ihrer Führung ergoß sich. Um die Jahresmitte 1957 wurden diejenigen, die in Wort oder Schrift »ihre Gedanken äußerten«, verhaftet. Tausende wurden ins Gefängnis geworfen, die Intelligenz dezimiert. Ob nun die Devise »Laßt hundert Blumen blühen« in die Welt gesetzt wurde, um »Rechtsabweichler« bewußt ausfindig zu machen und auszumerzen, oder ob sie in der Führung Angst vor einer »Liberalisierung« auslöste, spielt kaum eine Rolle. Niemals wieder würden Männer und Frauen der Führung Vertrauen entgegenbringen. Selbst heute werden die meisten Informationen, die nicht nach allen Richtlinien geheim sind, auf Spaziergängen in Parks oder an anderen öffentlichen Treffpunkten weitergegeben. Die Chinesen haben ihre Lektion gut gelernt.

Die zweite »Gehirnwäsche« kam zehn Jahre später mit der Kulturevolution. Die Auswirkungen waren, wie Sie in diesem Buch feststellen werden, noch verheerender für das chinesische Volk und vor allem wieder für die Intelligenzschicht.

Wenn man sich diese Umstände vor Augen hält, begreift man besser, warum bestimmte Informationen fehlen, die die Ereignisse mit Menschen, Orten und bestimmten Zeitpunkten verknüpfen können. Ich bin mir voll darüber im klaren, daß dies eine Einbuße an Glaubwürdigkeit mit sich bringt, doch werde ich mich ohne

Zögern für die absolute Einhaltung der ursprünglichen Verpflichtung zur Vertraulichkeit entscheiden.[2]

2. Einige der Zeugnisse mögen den Anschein erwecken, mehr westlich als chinesisch zu sein. Bedenken Sie bitte, daß es sich um wörtliche Übersetzungen handelt, die für westliche Leser herausgegeben werden.

3. Manche Geschichten enthalten eine beträchtliche Fülle detaillierter Informationen. Wie ist es möglich, solche Einzelheiten im Gedächtnis zu behalten?

— Das chinesische Erziehungssystem legt besonderen Nachdruck auf Auswendiglernen.

— Die chinesische Sprache eignet sich gut zum Anfertigen von Notizen.

— Jeder von uns tendiert dazu, sich die Einzelheiten der wichtigsten Ereignisse seines Lebens zu merken.

— Es gab Menschen in China, die es als ihre Mission ansahen, der Welt diese Geschichte zu berichten. Den Chinesen stehen keine Kopien von gedruckten Predigten oder Kassetten im Versammlungsraum zur Verfügung. Deshalb hören sie viel intensiver zu und machen sich vielfach Notizen. Für jene in China, die an einem speziellen Fachbuch über diese Kirche arbeiten, erweist sich dieser Umstand als äußerst hilfreich.

Die Chinesen haben nicht den Wunsch, die Grausamkeit eines Regimes herauszustreichen. Sie wollen vielmehr von der Liebe Jesu Christi sprechen. Sie berichten ihre Geschichte nicht, um mit ihren Verfolgern abzurechnen, sondern um Zeugnis von der Liebe und Macht des Einen abzulegen, der sie gerettet hat.

4. Dieses Buch ist nicht chinafeindlich. Alexander Solschenizyn weist in einem seiner Bücher darauf hin, daß »Mütterchen Rußland nicht dasselbe ist wie die UdSSR«. Das gilt auch für China. Die Chinesen sind beinahe allesamt herzliche, zärtliche, liebevolle Menschen. Wie ihr Gegenstück, das russische Volk, werden sie jedoch unglücklicherweise von einer kleinen Minderheit grausamer, selbstsüchtiger Männer regiert, die als Führung der Kommunistischen Partei bekannt ist. Nicht der Durchschnittschinese ist es, der einen jungen Menschen erschießt und dann hingeht und von den Eltern Schadenersatz für die Kugel verlangt. Wenn wir von China sprechen, dann meinen wir manchmal die Herrschenden in Beijing (früher Peking), an anderer Stelle aber jene 950 Millionen »anderer« Chinesen, die von einem marxistischen Regime ihrer Rechte beraubt wurden.

5. Vergessen Sie schließlich nicht, daß dieses Buch geschrieben wurde, um mit der Vorstellung aufzuräumen, China sei ein Haufen »blauer Ameisen«, eine über eine Milliarde zählende Masse Mensch, die wie eine Woge im Ozean von der seismischen Aktivität einiger weniger in Beijing gelenkt werde, deren »offizielle Presse« ihnen immer ein positives Zeugnis ausstellt.

[1]Halbwüchsige Schüler und Studenten, die Mao innerhalb und außerhalb der Volksbefreiungsarmee organisieren ließ und die erstmals Mitte 1966 auftraten. Sie trugen Armbinden mit dem Aufdruck »Hong Wei Bing« (Rote Garden) und führten das »kleine rote Buch« mit sich — Zitate des Vorsitzenden Mao. Angeführt von Mao, bildeten sie Vorhut, Richter, Gericht und Vollstreckungsorgan der Kulturrevolution.

[2]Die meisten Zeugnisse sind in der Originalsprache verfügbar und werden der Wissenschaft zugänglich gemacht. Das endgültige Manuskript wurde von Stellen in China und Hongkong gebilligt.

TEIL EINS

IN DER ARENA

KÄMPFER IN DER ARENA

Die Arena ist eine Stätte, in der Kämpfe ausgetragen werden, in der die Luft mit dem Gestank und Krach des Krieges geschwängert ist. Schmerzensschreie, die letzten Worte von den Lippen Sterbender, das widerwärtige dumpfe Geräusch von Knüppelschlägen auf nacktem Fleisch, warnende und aufmunternde Schreie — ein Szenarium, das nicht auf Nero und Rom beschränkt ist.

In den vergangenen dreißig Jahren hatte China einen solchen Schauplatz. Im ersten Teil dieses Buches wird der Versuch unternommen, den Menschen in der Arena zuzuhören, sie in ihrer eigenen Weise ihre vielen Schlachten, ihre vielen Siege berichten zu lassen.

Ich möchte Sie warnend darauf hinweisen, daß dies *ihre* Geschichte ist, die sie in ihren Worten erzählen. Chinesen sind anders als Angehörige der westlichen Welt. Sie entfesseln kein Feuerwerk mit ein paar Adjektiven und Verben, sie überschwemmen den Zuhörer nicht mit einer Sturzflut von Wörtern. Sie bewahren ihre Emotionen oft tief im Inneren, sie legen sie nicht öffentlich bloß — schon gar nicht vor »Fremden«.

Dies bedeutet jedoch nicht, daß die Ereignisse sich nicht tief in unser Gewissen einbrennen, wir müssen nur auf ihre Worte lauschen.

Die Chinesen sind nicht so rasch bei der Hand, ihre persönlichen Erlebnisse zu erzählen. Es ist nicht ungewöhnlich, wenn einer sagt: »O, ich war 15 Jahre im Gefängnis«, als sei dies völlig normal für alle Christen.

Man könnte ein ganzes Buch damit füllen, die Wunder zu schildern, die sich in der Kirche Chinas zutrugen. Einzelheiten der Haft könnten dargelegt werden, die selbst den Stärksten entsetzt zurückschrecken und das Buch ungelesen beiseite legen ließ.

So wichtig ein solches Buch wäre, dies ist nicht unser Ziel und Zweck. In diesem ersten Teil wollen wir die Menschen, die in der Arena den Kampf ausfochten, in ihren eigenen Worten ihre Geschichte erzählen lassen.

— Hören Sie den Worten aufmerksam zu, bis Sie mit diesen Menschen fühlen;

— wenn Worte und Zeugnisse schwerfällig werden, halten Sie inne und fühlen Sie jedes Ereignis mit ihnen;

— wenn sie ruhig erläutern, was es heißt, unter entsetzlichem Leiden zu überleben, dann fragen Sie sich einmal selbst: wie würde ich in einer solchen Arena bestehen? Lauschen Sie nun auf den Schlachtenlärm einer Arena von 9,5 Millionen Quadratkilometern und mehr als einer Milliarde Kämpfern.

— Sehen Sie sie als Menschen, als ganz reale Menschen. Lachen Sie mit ihnen, nehmen Sie teil an ihren Tränen, ihrem Gebet, ihren Liedern.

1 »Eine Revolution ist keine Dinnerparty«[1]

Es war an einem kühlen Herbsttag des Jahres 1966 in einem Vorort von Beijing. Sie saß in ihrem hölzernen Stuhl, die Hände im Schoß gefaltet. Die lose, verwaschene Tunika hing von ihren abfallenden Schultern. Ihre Finger zogen die Linie nach, die einstmals eine Bügelfalte in ihrer gleichfalls lose fallenden, verwaschenen Hose gewesen war. — Man durfte eigentlich erwarten, daß sie im Alter von 51 anfing, die ruhige und dankbare Rolle einer zufriedenen, erfüllten Mutter und Großmutter zu genießen. — Ihr Blick wanderte durch den kleinen Raum auf die Bilder, die in reich verzierten Rahmen auf der Kommode standen. Unter ihnen befand sich ein Zertifikat einer angesehenen ausländischen Universität und eine Heiratsurkunde. In der obersten Schublade, unter ihrer kompletten Garderobe — zwei weitere Tuniken und noch drei weitere Hosen — war ein wenig Geld versteckt, das sie insgeheim für einen besonderen Anlaß gespart hatte. Als ihre Augen sich mit Tränen füllten, stützte sie beide Ellbogen auf den mit Wachstuch bedeckten Küchentisch und legte den Kopf in die Hände.

Sie konnte es nicht ertragen, über das Zimmer hinweg auf das Bett zu schauen, wo vor 26 Jahren ihre Ehe vollzogen worden war. Freunde aus der Kinderzeit waren Mann und Frau geworden. An diesem Ort waren drei Kinder in eine Gesellschaft hineingeboren worden, von der anzunehmen war, daß sie sich zum Besseren entwickeln würde, die jedoch nur eine Wendung zum Schlechteren nahm. Alles hatte so vielversprechend ausgesehen. Es sollte keinen Krieg mehr geben, doch ihre Söhne gingen nach Korea.

Es sollte keine Hungersnot mehr geben, und doch hatten sie über viele Tage und manchmal Wochen nichts zu essen als eine geschnitzelte Rübe.

Sie kannte die Beschwernisse, in der beißenden Winterkälte bis zu fünf Stunden lang Schlange stehen zu müssen, nur um ein winziges Stückchen Fleisch zu ergattern. Sie brachte es dann nach Hause und bereitete es zu wie ein Festmahl. Ihren Kindern erklärte sie jedesmal, sie habe keinen Hunger, und sie müßten deshalb ihren Anteil mitessen.

Ständig versprachen die Regierenden, es werde niemals mehr eine »Kampagne der hundert Blumen« geben — jene entsetzliche Zeit, als die Intellektuellen ermuntert wurden, sich offen gegen die Führung »auszusprechen«, nur um dann erleben zu müssen, daß ihre eigene Stimme als Zeugnis ihrer konterrevolutionären Aktivitäten gegen sie verwandt wurde. Gleichgültig ob im Gefängnis oder zu Hause, um ohne Nahrung, ohne Geld für Kinder zu sorgen, man mußte sein Bekenntnis gegen Mao zu Papier bringen. Es wurde dann zerrissen, und ein neues, detailliertes »mit allen Wahrheiten« mußte niedergeschrieben werden. Schließlich weigerte sich der Geist zu arbeiten, und der Mensch wurde zur nackten Zielscheibe skrupelloser Inquisiteure.

»Weißt du, was er gestern gesagt hat?« Sie hob den Kopf und schaute ihren Mann an. Er sprach ruhig, während er aus dem Fenster in den kleinen Hof blickte, der den sechs in diesem Areal lebenden Familien als Mittelpunkt diente. »Es stand gestern in der Zeitung, rotgedruckt«, sagte er. »'Es gibt keine Konstruktion ohne Destruktion. Destruktion, Zerstörung bedeutet Kritik und Ablehnung, bedeutet Revolution. Sie bedeutet auch, die Dinge zu Ende zu debattieren, das ist die Konstruktion. Zuerst muß die Destruktion kommen, und in ihrem Verlauf folgt die Konstruktion'.«

»Stell dir das vor«, meinte er kopfschüttelnd, als er sich umwandte und neben seine Frau trat. »Zuerst muß die Destruktion kommen, und in ihrem Verlauf folgt die Konstruktion. Was ist das für eine verdrehte Denkungsweise?« Er zögerte einen Augenblick, dann legte er seiner Frau eine Hand tröstend auf die Schulter. Seine langen, schmalen Finger zitterten, Finger, die darauf trainiert waren, einer Nation Musik zu schenken, die Schönes so bitter nötig hatte. Ohne aufzublicken hob sie den Arm und streichelte mit ihren schwieligen, knotigen Fingern sachte über die Hand des Professors.

Plötzlich verhärtete sich der Griff seiner Finger. Ihre Hand faßte nach seiner. Beide hörten es zur gleichen Zeit. Die Rufe waren unmißverständlich. Unwillkürlich zitterten ihre Hände. Das Geschrei wurde lauter. Seit mehreren Tagen waren an ihrer Haustüre Anschläge angeklebt worden. Auf einem stand »Ausländerfreund«, auf dem anderen hieß es »Erzieht dieses giftige Gewürm um«.

»Vielleicht gehen sie nur vorbei«, meinte er in einem schwachen

Versuch, Hoffnung anklingen zu lassen — eine Hoffnung, die sich schnell zerschlug. Die zornigen Stimmen wurden lauter, als der Haufen in den Hof drängte. Der Professor legte seiner Frau die Hände auf die Schulter, beugte sich über sie und küßte sie auf die Wange. Er flüsterte ihr etwas zu, doch wurden seine leisen Worte bald durch das Gepolter an der Haustür erstickt. Ein Augenblick verblüfften Schweigens trat ein, als der Professor und seine Frau mit ungläubigem Entsetzen in das Gesicht einer früheren Schülerin an der Spitze starrten, vor einer Menge, die den Hof zur Hälfte ausfüllte. Wie 150 Millionen andere halbwüchsige Chinesen trug sie die berüchtigte Armbinde der Roten Garde am linken Arm. Plötzlich erhob sich ein Höllenlärm kreischender Stimmen: »Parasie!«, »Schlange!«, »Mao hat uns geschickt!« »Lang lebe der Vorsitzende Mao!« »Kapitalist!« »Ausländerfreund!«, während sich die Soldaten Maos in den Raum drängten. Der Professor und seine Frau sahen hilflos vor Angst und Unglauben zu, wie ihr Heim durchwühlt wurde. Sie schrie und wollte aufstehen, als der Rahmen mit der Heiratsurkunde zu Boden geschmettert wurde. Doch der tückische Blick des Jungen, der diesen Akt der Barbarei vollführte, veranlaßte sie, sich hinzusetzen.

In wenigen Augenblicken war alles vorüber. »Die Blumen der Revolution« schleppten Arme voll konfiszierter Gegenstände, Bilder, Bücher, Notenblätter — Erinnerungsstücke eines ganzen Lebens — in den Hof und warfen sie auf einen Haufen. Ein junges Mädchen ging auf den Professor zu. Stille breitete sich im Raum aus, als sei dies ein viele Male wiederholter Akt. Wortlos schlug sie ihn ins Gesicht. Mit einem Schrei erhob sich seine Frau, um ihm zu Hilfe zu kommen, doch ein junger Bursche stieß sie roh in ihren Stuhl zurück. Sie weinte beim Anblick des Blutes, das ihm aus den Mundwinkeln lief. Noch ehe der Professor seine ehemalige Schülerin fragen konnte: »Warum?« wandte sie sich um, ging aus der Türe und winkte den anderen, ihr zu folgen.

Die anderen Jugendlichen packten den Professor und stießen ihn zur Türe hinaus in den Hof. Seine Frau, die auf ihrem Stuhl erstarrt war, schlug die Hände vor das Gesicht und begann zu weinen. Die Schultern zuckten, als sie immer wieder »warum, warum, warum« in den leeren Raum schrie.

Die Roten Garden beherrschten zwar ihr blutiges Handwerk noch nicht so perfekt wie später, aber sie vollführten ihren Akt der Zerstörung und Vernichtung mit Methode. Zuerst wurde das

Feuer entflammt, dann war der dumpfe Laut von schweren Fußtritten und Stockschlägen zu vernehmen. Nun erhob sich Geschrei, weitere Fußtritte und Obszönitäten. Danach trat Stille ein.

Langsam wandte sich die Frau der Türe zu, die nur noch lose in den zerbrochenen Angeln hing. Sie stand auf und schob beinahe liebevoll mit dem Fuß einen zerbrochenen Bilderrahmen beiseite. Sie schritt über die Matratze hinweg, die auf der Suche nach weiterer »ausländischer Konterbande« aufgeschlitzt worden war. Der beißende Gestank von Rauch traf ihre Nase, als sie vorsichtig in den Hof hinausblickte.

Der Stapel mit den Schätzen eines ganzen Lebens und den Gegenständen des täglichen Bedarfs brannte noch immer, doch das Feuer erstarb allmählich. Sie erblickte das Gesicht eines Nachbarn, der vorsichtig aus dem Spalt einer halbgeöffneten Türe schaute. Und dann hörte sie es — ein Laut wie das Ächzen eines verwundeten Tieres.

Sie folgte dem Laut mit ihren Blicken und erstarrte bei dem Anblick, der sich ihr bot. Vor Angst und Unglauben wie gelähmt, den Mund offen, aus dem kein Ton kommen wollte, starrte sie auf ein Bündel verkrümmter Mensch, der mehr wie ein von einem Lastwagen überfahrenes Tier aussah als wie ihr Mann. Ein Schrei rang sich aus ihrer Kehle, als sie zur Hofecke hinüberrannte und sich über den auf dem Bauch liegenden Körper beugte. Seine Arme lagen unter der Brust, ein Bein war zur Seite gedreht, das andere teilweise unter den Körper geschoben. Behutsam kniete sie neben ihm nieder, und wie eine Mutter, die ihr erstes Kind von der Hebamme empfängt, wandte sie ihn sachte um. Die Augen waren geschlossen, das eine beinahe zugeschwollen. Durch die geöffneten Lippen drang ein Stöhnen der Angst und Pein. Instinktiv, wie sie es unzählige Male zuvor getan hatte, wenn sie ihn trösten wollte, beugte sie sich nieder und hob seine Hände zu ihrem Gesicht hoch. Bei dem Anblick, der sich ihr bot, erstarrte sie für einen Augenblick in namenlosem Entsetzen.

Sie fiel weinend über seine Brust und hielt seine Hände an ihr Gesicht. Das Blut von den mit Rasiermessern aufgeschnittenen Fingern verschmierte ihre Wangen, und der Geruch verbrannten Fleisches, denn man hatte ihm die Finger in die Flammen gehalten, drang ihr in die Nase. Sie hatte recht gehabt. Nie wieder würde ihr Mann mit seinen langen, schlanken, in lebenslanger Zucht geübten Fingern seine Mitmenschen mit seiner Musik erfreuen können.

Der stumme Holocaust, den man Kulturrevolution nannte, war wieder in ein unschuldiges Heim eingebrochen.

Die Szene wiederholte sich viele Meilen im Süden, wo über zwanzig Mitarbeiter des YMCA (Young Mens Christian Association) und YWCA (Young women's Christian Association) zusammengetrieben und gezwungen wurden, vor dem Stapel brennender Bibeln niederzuknien. Eine große Menschenmenge stand herum und betrachtete das Schauspiel. Als die Flammen aufloderten und ihre Hitze ausstrahlten, schrien die Opfer in unerträglichem Schmerz, ein erbarmungswürdiger Anblick. Unter der Qual ihrer großflächigen Verbrennungen bereiteten die meisten von ihnen, darunter der Generalsekretär des YMCA, ihrem Leben durch einen Sprung von einem hohen Gebäude ein Ende. Es waren dieselben fortschrittlichen Sekretäre und Pfarrer, die in den Fünfziger Jahren die Regierungspolitik unterstützt und die Partei dafür gelobt hatten, daß sie erreicht hatte, was Christen in hundert Jahren nicht gelungen war.

Diese Litanei der Brutalität nahm ihren offiziellen Anfang am 5. August 1966. Der große Führer Mao Tse-tung, mit Hängebacken trotz des Makeup und schwer atmend wegen des straffen Gürtels, der seinen von der traditionellen Abendmahlzeit mit acht Gängen, gekrönt von mehreren Gläsern des feurigen Mai Tai überdehnten Magens verbergen sollte, fuhr von einem seiner Luxusappartements zum Büro des Zentralkomitees in Beijing. Er schlug die erste Wandzeitung an, die zum Symbol der Kulturrevolution werden sollte. Sie rief die jungen Leute Chinas auf, »das Hauptquartier der örtlichen Parteiführung zu stürmen«.

Mao Tse-tung glitt die Kontrolle der Revolution aus den Händen. Die Partei zerfiel, weil seine großen Bewegungen vorwärts um eine zuviel wurden. Der alte Revolutionär fing an zu glauben, er sei in der Tat unsterblich. Jahrelang hatte er all die schmeichelnden Adjektive verschlungen, mit denen ihn Presseorgane und Akademikerschaft des Westens überschüttet hatten. Dabei hatte er die 850 Millionen »Substantive« und »Pronomen« im eigenen Lande aus den Augen verloren, die Nahrung, Kleidung und andere lebensnotwendige Güter brauchten. Er hatte sie ihnen seit 1949 versprochen, aber niemals produziert.

Die gelenkte Presse griff das Thema auf, und zwölf Tage später wurde im Tor des Himmlischen Platzes im Zentrum von Beijing eine »Versammlung von einer Million Menschen« abgehalten.

Das war Maos öffentlicher Aufruf, das Land von allem Alten zu säubern. Wie ein Mann schrien sie: »Wir erklären der alten Welt den Krieg!« — »Alt« war alles, was Mao dazu erklärte; einen besonderen Schwerpunkt bildete alles Westliche.

Die Revolution breitete sich vom »Himmlischen Platz« auf das breite Land aus. Innerhalb weniger Tage streiften 130 Millionen Jugendliche eine rote Armbinde auf den linken Ärmel und stürmten die Straßen. Sie waren Polizei, Richter, Gericht und Henker in einer Person. Gegen ihr Wort gab es keinen Einspruch. Sie beschlagnahmten Eisenbahnwagen, schlossen Fabriken, leerten Schulen und schlossen Kirchen. Alles, was aus dem Westen kam — Bücher, Schallplatten, Kleidung — wurde verbrannt. Was als Kräuseln auf der Wasserfläche begonnen hatte, schwoll rasch zu einer vernichtenden Woge an, die das größte Staatsgebilde der Welt überrollte und lähmte.

Zur Sonderbehandlung gezeichnet waren frühere Hausbesitzer, Personen, die ihre Ausbildung in Übersee erhalten hatten, und die Intelligenzschicht. Die volle Wucht der Verfolgung wurde für die Intellektuellen aufgespart — gerade jene Gruppe, die eine so große Rolle dabei gespielt hatte, Mao an der Macht zu halten.

Weiter traf sie Schullehrer, Hochschulprofessoren, Ärzte — alle die »nicht mit ihren Händen arbeiteten« und deshalb »Parasiten« waren. Sie wurden auf die Straßen gezerrt, geschlagen und dazu gezwungen, öffentlich Verbrechen zu gestehen, die sie nie begangen hatten. Da wurden alte Rechnungen — wirkliche oder eingebildete — beglichen. Straßenschilder wurden heruntergerissen und durch neue, revolutionäre Namen wie »Der-Osten-ist-rot-Straße« ersetzt. Versuche wurden gestartet, die Verkehrsampeln so umzuändern, daß Rot nun »Gehen« bedeutete — im Einklang mit der revolutionären Theologie.

Über Nacht besaß jeder ein Exemplar des »kleinen roten Buches« mit rotem Einband und einem Stern auf der Titelseite. Es enthielt die Weisheit Maos, die jeder lernen und befolgen mußte. Sie wußten damals alle nicht, daß diese »Weisheit« von einem Ghostwriter, einem Parteifunktionär, verfaßt worden war.

Bilder von Mao wurden im ganzen Land verbreitet. Vor den Mahlzeiten verbeugten sich die Familien und dankten Mao für die magere tägliche Verpflegung.

Am meisten gefürchtet war der Ruf »Kampfversammlung«. Mit schreienden, kreischenden Jugendlichen überfüllte Lastwagen fuhren durch die Straße und kündigten durch Lautsprecher an, daß eine Kampfversammlung abgehalten würde. Die Teilnahme war Pflicht. Auf den kleinsten Plätzen der kleinsten Dörfer wurden Tribünen errichtet. Die »eingestandenen Verbrechen« der Verbrecher wurden vor der Menge verlesen. Dabei konnte es sich um den Besitz einer Beethoven-Schallplatte, einer zusätzlichen Hose und einer vage umschriebenen »üblen Einstellung« der Partei gegenüber handeln. Auf dieses Stichwort hin schrie die Rote Garde nach einem Urteil. Leute in der Menge wurden aufgefordert, vorzutreten und das »kriminelle Element« anzuprangern.

Söhne denunzierten ihre Väter, Töchter ihre Mütter, Schüler schrien Lehrern Anklagen ins Gesicht, die sie in einer Klasse hatten durchfallen lassen oder sie in der Vergangenheit vor Mitschülern »gedemütigt« hatten.

Zu einer festgesetzten Zeit kamen die Rufe aus der Zuhörerschaft: »Schluß damit. Wir wollen Gerechtigkeit!« Andere griffen dies auf. Bald schrien alle: »Gerechtigkeit! Gerechtigkeit!« Ein Anführer rief vom Lastwagen: »Schuldig oder nicht schuldig?« Es war fast wie ein Wettstreit, wer am lautesten »schuldig« schreien konnte. Sich hieran nicht zu beteiligen, hätte bedeutet, selbst auf der Tribüne vor der Menge niederknien zu müssen, um »Gerechtigkeit« zu empfangen.

Hunderttausende von Unschuldigen wurden in Gefängnisse geschickt — die man als Umerziehungszentren bezeichnete. Manche wurden gezwungen, den »Marsch auf der Straße« anzutreten. Ein hoher Hut in der Art einer Narrenkappe wurden ihnen auf den Kopf gestülpt, so mußten sie vom frühen Morgen bis spät in die Nacht die Straße auf- und abgehen. Die anderen Dorfbewohner, oft die eigenen Nachbarn und lebenslange Freunde, schrien ihnen Kränkungen zu. Kinder wurden ermuntert, Steine auf die »bekennenden Verbrecher« zu werfen. Beifallsgeschrei erhob sich, wenn ein Kind in die Straßenmitte rannte, nach dem Opfer schlug oder es mit Dreck bewarf.

Mit dem Fortdauern der Revolution steigerte sich die Gewalt. Mütter standen dabei, als ihre Kinder zu Tode geprügelt wurden. Studenten mit »schwarzem Hintergrund« — Söhne, deren Eltern Hausbesitzer waren oder mit Ausländern fraternisierten — mußten auf Glasscherben knien und das Volk anrufen, ihnen »meine Verbrechen gegen euch zu verzeihen«. Niemand wußte, um welche Verbrechen es sich handelte. Das schien keine Rolle zu spielen. Es herrschte Justiz durch Anarchie und Selbsterhaltung durch Beteiligung. Familien wurden auseinandergerissen. Ehefrauen wurden in ein »Umerziehungslager« geschickt, ihre Männer in ein anderes. Mütter standen da und mußten Kinder aufziehen, hatten aber weder Einkommen noch Arbeit noch einen Ehemann. Tausende wurden ins Gefängnis geworfen, und nie wieder hörte man von ihnen. Viele begingen unter den beständigen Demütigungen und dem geistigen Druck Selbstmord.

Niemand, außer Mao selbst, war von Kritik ausgenommen. Ausländische Botschaften wurden geplündert.

Der Minister für Kohlenindustrie wurde totgeschlagen, der Stabschef der Volksbefreiungsarmee gefoltert. Bürgermeister der größten Städte Chinas wurden aus dem Amt entfernt und mußten an öffentlichen Schuldbekenntnissen teilnehmen.

Menschen, darunter viele, die nun in Haft waren, begannen in den Begriffen »der Betrübnis« zu denken, von der im Buch der Offenbarung die Rede ist.

Das Land befand sich in einem Zustand der Zerissenheit. Selbst Mao erkannte, daß diese »kleinen Soldaten« außer Kontrolle geraten waren. Einzelne Gruppen der Roten Garden fanden niemand mehr zum »Säubern«. So fingen sie an, sich gegenseitig zu bekämpfen, und verlängerten damit die Liste der Getöteten. In den großen Häfen stapelten sich die Güter. Dringend benötigte Nahrungsmittel verrotteten auf Abstellgleisen oder auf den Feldern. Fabriken standen still. Das Erziehungssystem war völlig zerfallen. Bücher wurden verbrannt. Für Speiseöl, die Grundlage ihrer meisten Gerichte, mußten die Menschen zwei bis drei Tage lang anstehen.

Der einzige, der hier noch hätte Ordnung schaffen können, Tschou Enlai, war in Gefahr, selbst unter Beschuß zu geraten. Ursprünglich hatte er Mao stillschweigend bei der »Säuberung der Nation« unterstützt, doch nun hatte er die Überzeugung gewonnen, daß die Entwicklung nicht nur eine Bedrohung der gesamten Gesellschaftsstruktur Chinas, sondern der Revolution selbst war.

Mao, der sich bereits im Frühstadium der Senilität befand, war doch weise genug, den Rat seines alten, pragmatischen Kameraden anzunehmen. Er rief die Volksbefreiungsarmee und erteilte den Befehl, die »Roten Garden unter Kontrolle zu bringen«. Darauf hatte die Armee nur gewartet und führte ihren Auftrag mit martialischer Effizienz durch. Über Nacht verschwanden viele Führer der Roten Garden. Millionen von Jugendlichen wurden »aufs Land« geschickt, um bei den Bauern zu arbeiten und »zu lernen, wie man für das Volk sorgt«, und zwar mit seiner Hände Arbeit. Damit wurde die Saat gelegt für das, was als die »verlorene Generation« bekannt wurde, als ein Jahrzehnt später Millionen junger Menschen ohne Hoffnung oder Ausbildung, doch voll Zynismus und ungezügelter Rebellion in die Städte zurückkehrten.

Als die Nation langsam zur Ruhe fand und begann, sich die Wunden zu lecken, da konnte sich niemand vorstellen, wie tief diese Wunden saßen und wie viele Menschen zu den Betroffenen zählten. Nicht einmal Mao selbst hätte voraussagen können, was geschehen würde, als er seinen »kleinen roten Soldaten« gestattete, die aufgestauten Emotionen auszutoben , die er selbst in seinen Jahren unfähiger Führung erzeugt hatte. Die Kulturrevolution enthüllte sich nun, wie alle von Maos großen Schritten vorwärts, zwar nicht gerade als Naturkatastrophe, sondern mehr als kolossaler Fehlschlag, für den das chinesische Volk einen furchtbaren Preis hatte zahlen müssen.

Im Westen gab es gedämpfte Kommentare dahingehend, daß man der Bewegung ein »faires Gehör« schenken müsse. Dazu »müssen wir erst unsere eigenen Annahmen und Perspektiven untersuchen«. Manche erzählten Gleichdenken den im Westen, daß »viele Analytiker der Meinung sind, die Kulturrevolution sei nicht durch Fanatismus, sondern durch Maos klare Vision einer fairen und gerechten Gesellschaft motiviert« gewesen. Zwar habe es zugegebenermaßen »einiges Blutvergießen« gegeben, aber nur »sporadisch und in beschränktem Umfang«.

In den internationalen Gremien legten diejenigen, die sonst so beredt jede Verletzung von bürgerlichen Rechten anprangerten, ein seltsames Schweigen an den Tag, und dies bis zum heutigen Tage.

Nicht so die Chinesen!

Sie graben langsam den Schutt von Maos Unsterblichkeit aus, und sie nennen die Roten Garden »Meuchelmörder, politisch entartet, Rowdies und den Bodensatz der Gesellschaft«. Es wird öffentlich zugegeben, daß dies keine Revolution der »Neugeburt« war, sondern vielmehr ein »Elend für China« und eine »entsetzliche Katastrophe, unter der unser ganzes Volk litt«.

Die geistigen Narben, der Zynismus, das gegenseitige Mißtrauen, das menschliche Leiden der einzelnen sind niemals zu ermessen. Einige Statistiken sind jedoch verfügbar, deren Lektüre einen erschauern läßt.

In einem Bericht über die Kulturrevolution aus China selbst wird von 1 700 Menschen unter einer Bevölkerung von zwei Millionen gesprochen, die zu Tode geprügelt wurden oder Selbstmord begingen. Von den 750 000 Verfolgten in Beijing starben 34 380, darunter der Bürgermeister und die stellvertretenden Bürgermeister von Beijing und Shanghai. In einem Zeitraum von vier Tagen wurden in einer einzigen größeren Stadt 1 700 Menschen totgeschlagen, 33 600 Wohnungen durch die Roten Garden geplündert, und 85 000 Menschen wurden aus der Stadt vertrieben. Darüber hinaus wurden 800 000 nach Maos eigenen Angaben bereits vor 1954 liquidiert.

Wie viele starben während der Kulturrevolution, einer Periode von etwas über zwei Jahren? Niemand weiß es. Doch wir wissen, daß diese Todesfälle, wenn man sie einer im Jahre 1949 angefangenen Statistik hinzurechnet, den Holocaust in Europa wie ein Kinderspiel erscheinen lassen.

Judith Banister, Leiterin des chinesischen Zweigs des U.S. Bureau of the Census, kam in einer Abhandlung über einen von Maos Versuchen, die Revolution funktionsfähig zu machen, unter Zugrundlegung von Chinas eigenen demographischen Statistiken zu folgenden Feststellungen:

»In China starben in der Zeit des »Großen Sprungs vorwärts« mehr Menschen als in allen Schlachten des Zweiten Weltkrieges oder im Holocaust der europäischen Juden oder der sowjetischen Kollektivierung oder dem Terror Stalins«.[2]

»Nach einer Berechung«, so berichtet Judith Banister, »kann die Zahl der Toten durch Hunger und ähnliche Ursachen während des »Großen Sprungs vorwärts« insgesamt 30 Millionen erreicht haben, das ist fast doppelt soviel wie Gefallene auf den Schlachtfeldern des Zweiten Weltkrieges aus allen Ländern.«[3]

Neuere Statistiken der Gesamtzahl von Menschen, die durch das Mao-Regime von 1949 bis in die Gegenwart ermordet wurden, sind nicht greifbar. Eine im Juli 1984 durch Professor Ansley Coale von der National Academy of Sciences and Princetown University, über die von Associated Press berichtet wurde, spricht davon, daß »ungefähr 27 Millionen Chinesen wegen des »Großen Sprungs vorwärts« starben«. Professor Coale sagte gegenüber Journalisten, diese neue Information sei durch die Freigabe detaillierter Statistiken bis 1950 zurück durch die Chinesen zugänglich geworden.

Dabei darf nicht übersehen werden, daß der Große Sprung vorwärts nur *eine* von Maos Kampagnen war. Die aufgestellten Statistiken enthalten nicht die Millionen, die nach den Siegesfeiern in Beijing von 1949 einer Säuberung zum Opfer fielen, nachdem Mao China zur kommunistischen Nation erklärt hatte. Die jungen Menschen, die bis 1972 beim Versuch, die Grenze nach Hongkong zu überqueren, getötet wurden, werden nie mehr erfaßt werden, bis auf die wenigen, deren Leichen den Perlenfluß hinab in die Bucht von Hongkong trieben.

Aber schließlich und endlich starben sie nicht nach Millionen, sondern für sich zu seiner Zeit, und in dieser Weise müssen wir ihrer gedenken.

---

[1]Mao Tse-tung

[2]Der Große Sprung Vorwärts war eine von Maos zahlreichen Kampagnen. Er begann 1958 und dauerte bis 1960. Er sollte in stark beschleunigtem Tempo die wirtschaftliche Mordernisierung des Landes mit Schwerpunkt auf der nationalen Selbstversorgung und arbeitsintensiven Methoden herbeiführen. Heute wird darauf oft als großer Sprung rückwärts Bezug genommen.

[3]The Santa Ana Register, 3. Mai 1984, S.27

2 »Ich will meine Gemeinde bauen«[1]

Ende des Jahres 1968 und Anfang 1969, als die schrille Kakophonie der Kulturrevolution abzuklingen begann, war allmählich ein anderer Ton im Lande zu vernehmen — ganz anders als die schrillen, eingelernten Kadenzen aus Millionen ausgedörrter Kehlen, die sinnentleerte Schlagworte schrien. In diesem Ton waren keine vernichtenden Schreie nach Rache, nicht der tragische Laut eines um Erbarmen flehenden Unschuldigen, nicht das fast tierische Stöhnen der Sterbenden.

Nein, es war das ruhige, gemessene, entschlossene Schreiten von Füßen, doch es klang nicht wie die Schritte, die hastig in alle Richtungen gelaufen waren, um Zerstörung zu säen. Es war der gleichmäßige Laut von Menschen, die ihre Schritte zu einem neuen Anfang lenkten, nicht das dumpfe Schlurfen derer, die zu Orten getrieben wurden, an die sie sich nicht freiwillig begaben. Es war der gemessene Gleichklang einer Armee, die Befehle und Bestimmungen begriff.

Dieser neue Laut gewann Tag für Tag an Stärke, Geräusch von Füßen, die sachte in den Blättern am Waldboden raschelten, das Wasser in einem Reisfeld zum Plätschern brachten, Staubwolken auf einer schmutzigen Straße aufwirbelten oder vorsichtig über die Eisdecke eines Flusses tasteten. Oftmals mischte sich Singen in dieses Geräusch.

Es war das Geräusch einer Armee, von der man nicht nur glaubte, sie sei im Kampf besiegt, sondern vernichtet und unter der Asche des Maoismus so gründlich begraben worden, daß sie nie wieder aufstehen könne. Die Roten Garden hatten ihre Bücher verbrannt, ihre Versammlungsräume geschlossen, ihre Führer ins Gefängnis geworfen. Sie hatten alle rücksichtslos verfolgt, die nicht bereit gewesen waren, vor ihrem mageren täglichen Mahl das Haupt zu beugen und vor einem Mao-Bild zu sprechen: »Wir nehmen diese Mahlzeit ein in dem Willen, die Leiden der Vergangenheit nicht zu vergessen und euch kundzutun, daß unser großer Führer, der Vorsitzende Mao, das Glück beschert hat, das wir heute genießen, damit ihr gute Menschen werdet, die von Mao Tse-tungs Gedanken gespeist werden.«

Man hatte sie wohl gezwungen, zuzuhören, doch privat und zuweilen auch öffentlich hatten sie unter großen persönlichen Opfern die Geschichten zurückgewiesen, die davon sprachen, daß die Lektüre der »Gedanken Maos« aus seinem »kleinen roten Buch« Menschen vom Tode auferweckt, unreine Geister vertrieben hatte, und daß diese Gedanken die schöpferische Kraft bei der Vollbringung von Wundern waren.

Die Armee, die sich nun auf den Weg gemacht hatte, war abgerissen, erschöpft, aber alles andere als besiegt, sie kehrte nicht von verlorener Schlacht heim, sondern vom Sieg. Die Mauern waren zerbrochen, sie eroberten die Stadt.

Einzelne Gruppen gingen in Privathäuser, andere in offenes Feld oder Waldlichtungen. Unter ihnen waren Junge und Alte, Gebildete und Ungebildete, Krüppel und Gesunde. Sie trafen sich zu unterschiedlichen Zeiten, an unterschiedlichen Orten, doch wenn sie sich trafen, hatten sie eines gemeinsam: Sie kamen zusammen, um den Herrn Jesus Christus anzubeten.

Sie gehörten der Hausgemeinde der Volkrepublik China an.[2]

Wo aber war die Kirche Chinas vor dieser Zeit gewesen und was hatte sie getan?

Nach 1950 mußten alle christlichen Kirchen durch die von der Kommunistischen Partei zugelassene Patriotische Bewegung der Dreifachen Selbstbestimmung geleitet werden. Während der Landreform zu Beginn der fünfziger Jahre wurden praktisch alle Kirchen auf dem Lande geschlossen. In den Städten wurden die Kirchen später nach und nach zugemacht unter dem Vorwand, die Aufsplitterung in einzelne Bekenntnisse zu beseitigen und die Kirche auf der Grundlage der P.B.D.S.-Prinzipien zu vereinigen. Bis 1958 waren von den 200 Kirchen in Shanghai noch 23, von den 65 in Beijing gerade noch vier übriggeblieben. Viele Pfarrer mußten in Fabriken oder in der Landwirtschaft arbeiten. Zwischen 1955 und 1957 kam es zu zahlreichen Verhaftungen von Geistlichen. Die Anklage lautete häufig auf konterrevolutionäre Einstellung, eine Beschuldigung für alles und jedes, die eine Haftstrafe von zehn und selbst zwanzig Jahren nach sich ziehen konnte. Viele starben im Gefängnis, andere wurden erst 1979-80 freigelassen, und es deutet vieles darauf hin, daß manche bis heute ihre Freiheit nicht wiedererlangt haben.

Viele Christen traten aus der politisch gelenkten Patriotischen Bewegung der Dreifachen Selbstbestimmung aus und begannen, sich in Häusern zu treffen. In vielen Gebieten, wo sämtliche Kirchen geschlossen worden waren, blieb ihnen gar keine andere Wahl. Bereits im Jahre 1954 griff das Büro für Religionsfragen das »rasche Anwachsen von Versammlungen in Häusern« als »verdächtig« an.[3]

1958 attackierte die P.B.D.S. in Shanghai ganz besonders Versammlungen in Privatwohnungen, selbständige Prediger und »reaktionäre« Lehren wie die Verkündigung der Wiederkunft Christi. Ähnliche Angriffe auf illegale Versammlungen unternahm die P.B.D.S. im Jahre 1963.

Da jedoch für die Zeit von 1958 bis 1966 so gut wie keine Informationen über die Kirche vorliegen, erhob sich die Frage, was mit ihr in dieser Zeit geschah. Neuere Berichte von Christen, die zur Hausgemeinde gehörten, sprechen von einer Zeit der Reinigung und des Aussäens der Glaubenssaat.

Zu dieser Zeit vernahmen einige Christen den Ruf Gottes, das Evangelium in ihrem eigenen örtlichen Bereich und in anderen Provinzen auszubreiten. 1958 wurde eine Gruppe von Gläubigen von Gott unabhängig voneinander veranlaßt, sich an einem bestimmten Tag im Heim eines bestimmten christlichen Führers in Südchina zu versammeln und für die Verkündigung zu beten. Nach mehrtägigen Versammlungen gingen sie je zwei und zwei hinaus und legten Zeugnis von der Liebe Gottes ab.

In den Zusammenkünften der Hausgemeinde erfüllt sich die Aussage eines ihrer Mitglieder: »Sie setzten Verfolgung, Gewalt, Handschellen, Schwerter, Zwangsarbeit und Gefängnis ein. Sie demütigten uns durch öffentliche Zurschaustellung, raubten uns Rechte und Privilegien des täglichen Lebens. Sie schlossen unsere Kirchen, verbrannten unsere Bibeln und warfen unsere Geistlichen ins Gefängnis, aber sie können die Kirche unseres Herrn Jesu Christi nicht zerstören.«

Zu diesen Verfolgten gehörte ein Pfarrer in Shanghai, den wir Mr. Wang nennen wollen. Er wurde im März 1958, beinahe acht Jahre vor der berüchtigten Kulturrevolution, verhaftet. Man schickte ihn für zehn Jahre zur »Umerziehung« in ein Arbeitslager. Sein einziges Verbrechen bestand darin, daß er bekennender Christ war und sich weigerte, seinen Glauben zu verleugnen. Im Arbeitslager bekannte er weiterhin seinen Glauben und legte vor seinen Mitgefangenen Zeugnis ab. Er wurde besonders hart angefaßt, erhielt die schlimmsten Arbeiten zugewiesen, bekam kaum medizinische Versorgung und nur eine minimale Essensration. Man steckte ihn mit anderen zusammen in eine Zelle, die ihn von seinem Glauben an Jesus Christus abbringen sollten. Auch seine Zellengenossen bekamen zusätzliche Arbeit aufgehalst und mußten mit geringeren Essenszuteilungen auskommen, bis sie den »Genossen überzeugt« hätten, seinem Glauben abzuschwören. Als dies nicht gelang, brachten sie ihn um. Aussagen eines anderen: »Tausende von Pfarrern und engagierten Gläubigen büßten mit ihrem Leben, weil sie treu zu ihrem Glauben standen. Viele Tausende wurden ins Gefängnis geworfen, wo sie Folter aller Art, Schwerarbeit und Hunger erleiden mußten. Die Regierung von China gab in einem Erlaß an das Volk bekannt, daß jeder, der bei einer Verkündigung des 'ausländischen Evangeliums' des Christentums ertappt würde, mit Gefängnis oder Tod bestraft würde.

Ein Pfarrer, Mitarbeiter meiner Mutter, wurde von den Kommunisten geschnappt. Sie versuchten, ihn mit Schlägen und Folterungen zur Verleugnung seines Glaubens zu bringen, doch vergeblich. Schließlich gerieten die Peiniger derart in Wut, daß sie einen Sarg anschleppten und ihm befahlen, sich hineinzulegen. Sie erklärten ihm, er habe nun eine letzte Wahl, entweder Jesus Christus zu verleugnen oder begraben zu werden. Seine einzige Antwort: 'Niemals werde ich meinen Herrn verleugnen.'

Sie nagelten den Sarg zu, ließen ihn eine Weile stehen und horchten auf einen Laut von innen. Doch es blieb still. Sie schrien und brüllten und hämmerten gegen den Sargdeckel, doch auch jetzt war nur ein ruhiges, gleichmäßiges Atmen zu vernehmen. Sie begruben ihn bei lebendigem Leibe.«[4]

Die Verfolgung, die während der Kulturrevolution ihren Höhepunkt erreichte, ließ eine einzigartige Gemeinde von Gläubigen entstehen, die sich vor schwierigste Verhältnisse gestellt sah, aber auch überwältigende Erfahrungen machen durfte, wie das nachstehende Zeugnis beweist.

»Wir veranstalteten einmal ein Treffen für unsere christlichen Mitarbeiter. Das waren über 300 Geistliche aus verschiedenen Städten. Das Treffen sollte drei Tage dauern. Als die Roten Garden Wind davon bekamen, ließen sie durch Geheimpolizisten feststellen, was da vor sich ging. Wir hatten davon keine Ahnung. Während der Versammlung beteten wir, und der Herr sprach zu einem von uns: 'Die Lage hier ist äußerst gefährlich. Die Geheimpolizei ist auf dem Weg, euch festzunehmen.' In aller Ruhe verließen die 300 Geistlichen einer nach dem anderen das Haus auf verschiedenen Wegen. Kaum war der letzte gegangen, da umstellten die Rotgardisten das Gebäude, doch niemand kam heraus. Schließlich verloren sie die Geduld und schickten sich an, die Türe aufzubrechen, fanden sie aber zu ihrer Verblüffung offen und den Raum leer. Ihr Anführer rief, mehr erstaunt als zornig: 'Diese Christen sind anders. Sie wissen im voraus genau, was wir tun wollen.' Kopfschüttelnd zogen sie ab, doch der Vorfall hatte ohne Zweifel einen tiefen Eindruck bei ihnen hinterlassen.«

Die eigentliche Form der Versammlungen in der heutigen chinesischen Hausgemeinde hängt von den Bedürfnissen der Menschen, den zur Verfügung stehenden Räumlichkeiten und den allgegenwärtigen, zu den Kadern gehörenden Parteifunktionären ab.[5]

An manchen Orten kann es mehrere Versammlungen wöchentlich geben, die der Arbeitszeit der Teilnehmer angepaßt sind. Der Sonntag ist auch in China noch immer der Tag der Ruhe. Daher sind an diesem Tag mehr Versammlungen als an anderen Wochentagen.

Die Versammlungsorte schwanken. In einem kleinen Dorf werden die Versammlungen in Privathäusern abgehalten. Nach der charakteristischen chinesischen Art sind mehrere Häuser um einen gemeinsamen Innenhof herumgebaut, der den allgemeinen Versammlungsort bildet und gleichzeitig die Gemeinschaftsküche und das Gemeinschaftsbad beherbergt. Die Teilnehmerzahl kann von fünf bis zehn in einer Wohnung bis zu mehreren Hundert schwanken, die sich auf der Straße drängen. In manchen Gegenden treffen sich die Gläubigen auf freiem Feld. Gelegentlich müssen die Versammlungsorte häufig gewechselt werden. Zeit und Ort des Treffens werden durch jugendliche Boten, durch ein kurzes Nicken auf der Straße oder ein geflüstertes Wort auf dem Feld oder in der Fabrik mitgeteilt.

In China ist jeder in irgendeiner offiziellen Gruppierung organisiert. Die Regierung will wenigstens wissen, *was* der Einzelne macht, wenn möglich auch, *wie* er das tut. Da gibt es die Straßenkomitees, Blockeinheiten bis hinauf zum Büro des Bürgermeisters, das Provinzbüro und schließlich die Spitze in Beijing. In den ländlichen Gebieten sind die Menschen in Kooperativen, Kollektiven und schließlich Kommunen zusammengeschlossen. An der Spitze jeder dieser Einheiten steht ein Mitglied des Führungskaders. Sie haben viele Namen, die in einer sonst von Höflichkeit geprägten Gesellschaft keineswegs alle höflich sind, doch im wesentlichen besteht ihre Aufgabe darin, ihre Vorgesetzten von dem zu unterrichten, was in ihrem Verantwortungsbereich vor sich geht. Es gibt vierundzwanzig Grade der Kader. Nummer eins ist für den obersten Parteiführer vorbehalten, der unterste und vierundzwanzigste Grad ist für die Tätigkeit in einer einzigen Straße oder den Häusern um einen Hof verantwortlich. Das Ausmaß ihres Eifers bestimmt die Logistik der Hausgemeinde.

Obwohl auf Pläne, Versammlungsort und die Kader Rücksicht genommen werden muß, finden Tag und Nacht Versammlungen statt, an manchen Orten sogar sieben Tage in der Woche.

Die große Zahl der Gäßchen und Durchgänge macht es oft schwierig, den Versammlungsort zu finden, selbst wenn man im Besitz der Anschrift ist. Sogar Menschen, die am gleichen Ort leben, verlaufen sich auf dem Weg zu einer Versammlung häufig, wie in diesem Bericht erzählt wird.

»Unsere Gruppe ging die Straße entlang, hielt Ausschau nach einem Versammlungsort und betete um Führung. Ein Mann mit Wassereimern, die an einer Bambusstange hingen, kam ihnen entgegen und lächelte sie im Vorbeigehen an, — ein Hinweis, daß er Christ sein könnte. Sie erwiderten sein Lächeln und fragten ihn nach dem Weg zu der Adresse, die sie erhalten hatten. Der Mann sagte nichts, bedeutete ihnen aber, ihm zu folgen. Er führte sie in den Hof eines Hauses und schloß das Tor hinter ihnen. ‘Hier ist der Ort, den ihr gesucht habt’, sprach er mit breitem Lächeln, ‘wir heißen euch im Namen des Herrn willkommen.’«

Dieser Bericht von einem zu Besuch weilenden Christen, einem Auslandschinesen, vermittelte einen guten Einblick in die Hausgemeinde, ihre Treffpunkte, die Gottesdienstordnung und den Widerhall, den sie bei Menschen hinterläßt, die »Gast« auf einer ihrer Versammlungen sein dürfen.

»Die heiße Brise wehte nichts als gelben Staub und Schweißgeruch mit sich. Unser Bus, der mehr Fahrgäste beförderte als zulässig war, fuhr auf einer schmutzigen Straße dahin. Berg um Berg entschwand dem Blick aus dem Busfenster. Reisfelder, in denen die Bauern wie Punkte verstreut waren, blieben eins um das andere hinter uns zurück. Die Landleute waren seit sechs Uhr in der Frühe an der Arbeit und achteten nicht auf die Mittagssonne. Ich fragte mich, was ihnen wohl bei der fast mechanischen Arbeit durch den Kopf ging. Empfanden sie sie als eintönig? Wünschten sie sich etwas anderes? Was wünschten sie sich überhaupt? Ich bin zwar selbst Chinese, fühlte mich ihnen aber doch unendlich fern. Selbst der Bus, in dem ich fuhr, schien sich in einer anderen Welt zu bewegen.

Als der Bus anhielt, verstopfte eine herandrängende Menge die Tür. Ein Bruder der Hausgemeinde wartete zu meiner Begrüßung. Ich fuhr hinten auf seinem Fahrrad mit ihm zum Versammlungsort der Gemeinde, bergauf und bergab. War ich froh, daß ich nicht strampeln mußte! Endlich hielten wir an einer Tür. Die alte Dame, die uns da erwartete, lächelte und blickte mir fest in die Augen, als ihre Hände die meinen umfaßten. Das war nicht freundliches Händeschütteln mit einem neuen Freund, eher fühlte sich ihr Griff wie die Umarmung bei der Heimkehr eines lange Verlorengeglaubten an. Ich war tief berührt bei dem Gedanken, daß wir beide zur gleichen Familie, der Familie Gottes gehörten, und eine unaussprechliche Freude quoll in meinem Herzen empor.

Ich betrat das »Haus« und entdeckte, daß es kein Dach hatte. Auf den vier blanken Wänden war ein stoffartiges Material als Schutz vor der Sonne befestigt. Doch der Geistliche vorne und die nahe an der Wand Sitzenden waren von der an den Ecken einströmenden Sonne eingehüllt. Die ganze Gemeinde saß still und schwitzend da. Manche versuchten, mit Fächern Fliegen und Mosquitos fernzuhalten. Neben der Türe spielten unbeachtet einige Kinder. Mir fielen wieder die Bauern ein, die mit gekrümmtem Rücken auf den Feldern gearbeitet hatten, und ich fühlte beinahe den Schmerz in meinen Knochen. Doch diese Gemeinde, die ja auch aus Bauern bestand, saß ruhig und geduldig da, von einer Würde umgeben, die mich tief bewegte.

Der Pfarrer fing an zu predigen, leise, aber doch voller Spannung in der Stimme. Häufig fuhr er sich mit dem Taschentuch über die Stirne, um den Schweiß abzuwischen. Die Gemeinde antwortete mit lautem Singen. Ich war hier zwar völlig fremd, doch hatte ich kaum je so sehr das Bedürfnis empfunden, Gott anzubeten. Ich fühlte mich diesen einfachen andächtigen Menschen um mich ganz nahe. Hier war mehr, als das gesprochene Wort vermitteln kann.

Nach meiner Schätzung waren ungefähr hundert Menschen versammelt. Im Gebet waren sie in ihren persönlichen Anliegen von großer Offenheit. Einer der Brüder berichtete uns von seiner besonderen Sorge — eines seiner Schweine war krank, und er bat uns, im Gebet daran zu denken. Dieses Schwein war seine Nahrung, sein Bankkonto, sein Einkommen. Ganz selbstverständlich und hingebungsvoll unterstützten sie ihn in seiner Last. Diese einfachen Menschen hatten unbewußt das Geheimnis des Gebets erfaßt — natürlich und aufrichtig sein Herz vor Gott auszuschütten.

Ein Bruder verlas dann einen an die Gemeinde gerichteten Brief von einem neugewonnenen Gläubigen, der mitteilte, er sei in großen Schwierigkeiten und wolle seinen Glauben aufgeben. Die Brüder und Schwestern antworteten mit Gebeten für dieses irrende Schaf und zeigten damit, wie die Kirche als ganzes sich um ihre einzelnen Glieder kümmert. Die Verkündigung ist für diese Menschen ganz selbstverständlich die Aufgabe der ganzen Gemeinde und nicht nur einiger engagierter Gemeindemitglieder.

Der Gottesdienst ging zu Ende. Der Pfarrer und viele der Brüder und Schwestern umringten uns Besucher und begrüßten uns herzlich. Wir blieben zu weiterer Verkündigung, sangen aus vollem Herzen, beteten für die Kirche in China und in Übersee und wurden schließlich sogar zum Essen eingeladen. Beim Weggehen hielt eine alte Dame meine Hand fest und drängte mich immer wieder, doch wiederzukommen und sie zu besuchen. Einige Brüder boten uns an, uns zu unserem Hotel zu »fahren« — die Fahrzeit betrug zweieinhalb Stunden. Die Fahrgelegenheit bestand aus dem Gepäckträger eines dieser stabilen Fahrräder. Als wir uns auf die Fahrt begaben, war mein Herz immer noch erfüllt vom Singen.

Bei der Ankunft vor seinem Haus wurde ich zum Essen eingeladen. Das Mahl, das ich mit diesen Brüdern und Schwestern teilte, war für mich ein Kulturschock. Schmerzlich wurde mir bewußt, wie groß der Unterschied meines Lebensstils und meiner Herkunft von dem ihren war. Der Eßtisch stand neben der hinteren Türe des Hauses. Deutlich konnte ich ein Schwein, das neben der Türe lag, sehen (riechen). Das Essen auf dem Tisch war fade, hatte weder angenehmen Geschmack noch Farbe, doch ich machte mich mit solchem Eifer darüber her, daß ich kaum Zeit fand, mir den Schweiß von der Stirn zu wischen. Ich konnte nicht behaupten, daß ich besonderen Appetit empfunden hätte, doch dies bedrückte mich tief. Ich erkannte, wie priveligiert, ja verwöhnt ich war. Da redete ich von Leiden, von Kostenrechnungen. Ich dachte an Missionsreisen nach China. Doch welcher Erfolg wäre uns beschieden, wenn wir weiterhin auf den unverläßlichen Rechten und

Segnungen beharren, die wir bereits als Selbstverständlichkeit hinnehmen?

Die ländlichen Gemeiden in China sind nicht ohne Spannungen, aber ich bin tief bewegt von ihrer Hingabe an Jesus und die starke Liebe, die sie einander entgegenbringen. Sie besitzen etwas, was den meisten Kirchen in Übersee fehlt. Das ist es, was die Schönheit des Leibes Christi ausmacht — die Stärke und Schwäche seiner einzelnen Glieder, die sich gegenseitig helfen und tragen. In dieser Erkenntnis können wir die Kirche in China und unseren Platz in ihr besser würdigen.«

[1]Jesus Christus. — Die Hausgemeinde ist eine Versammlung von Gläubigen, die sich in einer Wohnung, einem Privathaus oder sonst an einem Ort außerhalb der offiziellen Kirche trifft. Sie kann vielerlei Bekenntnisse einschließen, ist selbst aber keine eigene Bekenntniskirche.

[2]Die Hausgemeinde darf nicht mit der als patriotische Bewegung der Dreifachen Selbstbestimmung bekannten offiziellen Kirche verwechselt werden, auf die in einem späteren Kapitel ausführlich eingegangen wird.

[3]R.C. Bush, »Religion in Communist China« (Abingdon Press, 1970), S. 211.

[4]Soweit nichts anderes vermerkt ist, entstammen alle Interviews Veröffentlichungen bzw. den Archiven des 'Chinese Church Research Center' in Hongkong; der Christian Communications LTD, Hongkong, beziehungsweise persönlichen Interviews mit unterschiedlichen Themen in China und anderen Teilen der Welt.

[5]Zu den Kadern gehört jeder, der in Partei und Regierungsorganen der Nation eine verantwortliche Position einnimmt, ferner Personen, die von Grund auf in der Parteidoktrin gefestigt sind und zu den vertrauenswürdigen Mitgliedern des Verwaltungsapparates zählen.

3 Dies ist *mein* Volk

An welchem Ort, zu welcher Zeit und unter welchen Umständen sie sich treffen, die Hausgemeinde besteht aus überzeugten Christen. Manchmal ist das Fehlen eines Menschen so bedeutungsvoll wie die Anwesenheit derer, die sich versammeln.

In der Versammlung fehlt eine junge Naturwissenschaftlerin, die sich weigert, Darwins Evolutionstheorie als Wahrheit zu lehren. Sie erklärte den offiziellen Stellen, Darwins Entwicklungslehre entspreche nicht der Wahrheit. Wochenlang versuchte man, sie zu überreden. Gute Naturwissenschaftslehrer waren schwer zu finden, vor allem nach der Kulturrevolution. Sie gab nicht nach, ihre Antwort blieb stets gleich. »Wir sind keine Affen, sondern Männer und Frauen, die nach dem Ebenbild Gottes geschaffen wurden.« Später schrie sie diese Worte zwischen ausgeschlagenen Zähnen und blutigen Lippen hervor.

Heute ist sie Hausmeisterin an der Schule. Es wurde ihr untersagt, an den häuslichen Versammlungen ihrer Glaubensbrüder teilzunehmen.

Eine spürbare Lücke hinterließ auch der allgemein beliebte Arzt, der sich geweigert hatte zu bekennen, daß der Vorsitzende Mao größer sei als »euer Christus«.

Er wurde von Roten Garden zusammengeschlagen und bewußtlos liegengelassen. Sie warfen eine Decke über ihn und ließen ihn auf dem Fußboden des Krankenhauses zurück. Sie erklärten ihm, sie kämen in einigen Tagen wieder. Seine Antwort bei ihrer Rückkehr war einfach: »Mein Christus ist größer als der Vorsitzende Mao. Mein Christus ist der Herr der Herren, der König der Könige. Er hat einen Namen, der über allen Namen ist, im Himmel, auf Erden und unter der Erde.«

Sie schlugen ihn von neuem, doch seine Antwort blieb gleich: »Mein Christus ist größer.« Nach mehreren Tagen beschlossen sie, dieser Abtrünnigkeit ein und für allemal ein Ende zu setzen. Sie zogen ihn nackt aus und befahlen ihm, sich auf eine kaum sechs Zoll breite Bank zu stellen. »Nun, wenn dein Christus größer ist als der Vorsitzende Mao«, schrien sie, »dann soll er dich doch retten! Unser Vorsitzender Mao kann dich retten, du brauchst es nur zuzugeben!«

Mit ruhiger und kaum vernehmbarer Stimme wiederholte er die Geschichte von den drei Männern im Feuerofen. Er erhob seine Stimme, als er seine Peiniger anblickte und ihnen sagte: »Sie verbrannten nicht, weil der Herr mit ihnen war, und er ist jetzt auch mit mir.«

Die Stunden vergingen, und kein Muskel an seinem Körper zuckte. Fünf Stunden, zehn Stunden, — die Leute begannen aufmerksam zu werden und sich zu fragen, wo dieser alte Mann seine Kraft hernehme. Seine Gegenwart wurde nicht nur zu einem Zeugnis für Christus, sondern ein Quell der Überzeugung und Verwirrung für die anderen, die ihn da nackt auf der Bank stehen sahen.

Schließlich ertrugen es die Rotgardisten nicht länger. Blaß und ohne mit der Wimper zu zucken war der »Mann, der Christus für größer hielt als den Vorsitzenden Mao«, von sieben Uhr abends bis zehn Uhr am nächsten Morgen auf der schmalen Bank gestanden, ohne das Gleichgewicht zu verlieren. Nach fünfzehn Stunden in »Frieden und Gemeinschaft«, wie er es nannte, stießen sie ihn zu Boden. Die Roten Garden drohten ihm, an einem anderen Tag wieder dazusein. Dieser Tag kam eine Woche später. Sie zerrten ihn von seinen Patienten weg und hängten ihn auf.

Dabei kam es unter ihnen zu einer Auseinandersetzung, denn sie fürchteten sich. Einige wollten ihn wieder abschneiden, ehe er tot war. Nach einem Handgemenge schnitt einer den Strick durch. Der Arzt stürzte zu Boden und verkündete seine letzte Botschaft: »Mein Herz brannte für euch, als ich da hing.« Dann starb er wie einst Stephanus, der erste Märtyrer.

Wie steht es nun mit denen, die an den Versammlungen teilnehmen? Was sind das für Menschen?

Unser Blick fällt in dem kleinen Raum auf die stille Gestalt, die auf einer groben hölzernen Bank sitzt. Die ausgebleichte schwarze Tunika ist ihr eine Nummer zu groß, ebenso die bauschigen grauen Hosen. Die Augen sind geschlossen. Das strahlende, von schwarzem, rundgeschnittenem Haar umrahmte Gesicht bietet ein Bild der Heiterkeit und läßt uns nur schwer ahnen, welchen Leidensweg dieser Mensch hatte zurücklegen müssen.

Sie war damals erst neunzehn, als ihr zerschundener Körper roh in eine finstere, lichtlose Kerkerzelle hinabgestoßen wurde. Sie wußte nur, daß sie sich irgendwo unter der Erde befand. Der Boden war feucht, und am Gestank erkannte sie, daß er mit menschlichen Exkrementen bedeckt war. Überall krochen Ratten und

Ungeziefer herum. Es gab kein Bett. Wenn sie ruhen wollte, mußte sie in ihrem eigenen Unrat und dem anderer vor ihr kauern. Beim Niedersitzen merkte sie, daß etwas Warmes an ihrem Arm herunterlief. Sie faßte danach und bemerkte da erst, daß sie noch immer von den Schlägen blutete.

Ihr Körper begann von den Mißhandlungen anzuschwellen. Ruhig kauerte sie sich nieder, darauf bedacht, mit dem Boden so wenig wie möglich in Berührung zu kommen. Sie fing an, dem Herrn zu danken, daß er sie für würdig erachtete, für ihn zu leiden. Sie hätte nur ihrem Erlöser abschwören müssen, doch sie hatte sich geweigert, und nun war sie hier, — allein, zerschlagen und doch weinend vor Freude, als sie in der Zelle ihren Frieden fand. Still bat sie den Herrn um Weisheit und Stärke. Sie wollte nicht von diesem entsetzlichen Ort wegkommen, sondern in der Lage sein, das Evangelium des Herrn zu verkündigen, wo immer sie war.

Die Tage gingen dahin, und allmählich gewöhnte sie sich an die Dunkelheit. Die Blutung hatte aufgehört, und die Schwellungen waren abgeklungen. Als sie für sich einen Choral sang, sandte ihr der Herr eine Botschaft: »Dies soll die Stätte deines Wirkens sein.«

»Aber ich bin doch ganz allein«, wandte sie ein. »Wem sollte ich verkündigen?« Sie betete darum, daß sie ihre Mission erfüllen könne. Plötzlich kam ihr ein Gedanke. Sie stand auf und rief nach der Wache.

»Sagen Sie, kann ich irgendeine schwere Arbeit für Sie tun?«

Der Wachtposten sah sie voll Verachtung an, in die sich Überraschung mischte. Niemand hatte je zuvor eine derartige Frage an ihn gerichtet.

»Hören Sie, dieses Gefängnis ist unsagbar dreckig, und überall liegt der Unrat von Menschen herum. Lassen Sie mich in die Zellen gehen und saubermachen. Sie brauchen mir nur Wasser und eine Bürste zu geben.«

Sie war keineswegs überrascht, als sie bald darauf auf Händen und Knien herumrutschte und dabei das Evangelium verkündigte. Sie blickte in die Gesichter von Menschen, die nichts mehr von menschlichen Wesen an sich hatten. Ständige Foltern hatten sie jeglicher Hoffnung beraubt, einmal noch einen anderen Menschen zu sehen als jene, die kamen, um sie zu schlagen.

»Als sie erkannten, daß sie das ewige Leben empfangen konnten, wurden sie von Erregung ergriffen. Sie fielen auf den schmutzigen Boden nieder und bereuten ihre Sünden. Glauben Sie mir, es dauerte nicht lange, bis alle Gefangenen an Jesus Christus glaubten.«

Als die kommunistischen Funktionäre entdeckten, was da geschehen war, schäumten sie vor Wut. Sie hatten die Kontrolle über ihre Gefangenen verloren. Sie konnten sie anschreien, prügeln, und die einzige Antwort, die sie erhielten, lautete: »Wir vergeben euch im Namen Jesu.«

Dann war die Reihe an ihr. Sie wurde aus der Zelle geholt, geschlagen und angewiesen, ein Bekenntnis abzulegen.

Der Aufseher ließ einen Stapel Papier und einen Bleistift herbeischaffen und befahl ihr, sich an das Geständnis ihrer Verfehlungen gegen den Staat zu machen.

»Herr«, sprach sie bei sich, »ich habe nichts Unrechtes getan. Was soll ich schreiben?«

Nach und nach fand sie Worte, dann schrieb sie schneller und immer schneller. Als sie endlich mit schmerzenden Fingern fertig war, reichte sie der Wache ihr Bekenntnis, die es dem Aufseher übergab.

Kurz darauf rief sie der Aufseher in sein Büro, zitternd vor Wut. Wie konnte sie es wagen, derart konterrevolutionäres Zeug zu Papier zu bringen! Dann verlas er ihr Bekenntnis vor einer großen Gruppe. Das war der Heilsplan des Herrn. Er las immer langsamer und mit besonderer Betonung. Einige waren von diesem niedergeschriebenen Heilsplan tief angerührt.

Etwas entfernt kauerte eine andere Frau auf dem Boden. Die traditionelle, abgetragene graue Jacke und die blauen, aufgebauschten Hosen lassen sie größer erscheinen, als sie eigentlich ist. Die Augen sind geschlossen, die gefalteten Hände hält sie an die Lippen. Der Ausdruck von Heiterkeit, den sie ausstrahlt, wurde mit ihrem eigenen Gethsemane erkauft, von dem sie nur zögernd berichtet.

»Nach mehrjähriger Lehrtätigkeit kamen die Kommunisten und erklärten mir, daß ich als Lehrerin nicht das Evangelium verkündigen dürfe. Ich könne meine Arbeit nur behalten, wenn ich darauf verzichten würde. Vor dem Essen sprach ich stets ein Gebet. Mein Kaderführer geriet in großen Zorn. Er warf mir vor, ich sei abergläubisch und dürfe vor dem Essen nicht beten. Er warnte mich, daß er meine Verhaftung veranlassen würde, falls das noch einmal vorkäme. Ich konnte nicht anders als Jesus dafür danken, daß er mir mein Essen bescherte, und betete bei der nächsten Mahlzeit wieder. Der Kaderführer ließ mich verhaften. Ich wurde wegen 'antirevolutionärer Haltung' zu drei Jahren Haft verurteilt.

Nach Ablauf dieser drei Jahre wurde mir gesagt: 'Sie haben nun eine Umerziehung hinter sich. Glauben Sie immer noch an Ihren Christus oder nicht? Haben Sie alles gründlich durchdacht?'

Ich konnte nur antworten: 'Das alles habe ich getan. Ich glaube weiter an Gott und werde weiter beten.'

Daraufhin wurde ich zu weiteren drei Jahren Zwangsarbeit verurteilt.

Nachdem diese Frist verstrichen war, stellte man mir dieselben Fragen, allerdings freundlicher. 'Wenn Sie aufhören, an Ihren Gott zu glauben, können wir Sie heute noch entlassen.'

Für mich war das keine Versuchung. Ich entgegnete ihnen: 'Ich werde weiter meinem Herrn treu bleiben.'

Sie schrien mich an, schlugen mich und brüllten: 'Sie sind unbelehrbar, hoffnungslos! Ihr Geist muß einer gründlichen Säuberung unterzogen werden. Drei Jahre sind nicht genug. Diesmal geben wir Ihnen fünf Jahre.'

Danach wurde ich wieder den kommunistischen Funktionären vorgeführt. Sie waren sehr nett und sagten: 'Wir sind wirklich entschlossen, Sie freizulassen. Sie brauchen nur noch die Aussage zu unterzeichnen, daß Sie Ihrem Glauben abgesagt haben, dann können Sie als freier Mensch gehen.'

Meine Antwort blieb gleich, auch nach fünf Jahren Kerkerhaft: 'Nein, das kann ich nicht.' Sie schrien wieder auf mich ein: 'Ihnen ist nicht zu helfen!' Von neuem wanderte ich zurück ins Gefängnis!«

Fünfzehn Jahre später wurde die Frau in Freiheit gesetzt, doch nicht, weil sie widerrufen hätte, sondern weil man einfach nicht wußte, was man mit ihr anfangen sollte. —

Der Gottesdienst beginnt damit, daß in dem nun mit Menschen gefüllten Raum ein Mann laut zu beten anfängt. Andere fallen ein. Man weiß, daß dieser Bruder die Vollmacht hat, eine solche Versammlung zu leiten. Sein Zeugnis klingt vielen noch in den Ohren, eine Bestätigung der Macht des Herrn, zu dessen Anbetung sie zusammenkommen.

»Es war im Jahre 1958. Ohne Grund wurde ich eines Tages verhaftet und für drei Jahre ins Gefängnis gesteckt. Man wollte mir nicht sagen, was für ein Verbrechen mir zur Last gelegt wurde, denn es verstieß nicht gegen die Verfassung unseres Landes, sich zum christlichen Glauben zu bekennen. 1961 wurde ich dann in ein Arbeitslager geschickt, doch noch immer wußte ich nicht, warum ich in Haft war. Wir mußten vor Morgengrauen aufstehen und ohne Pause den Tag durcharbeiten. Man erlaubte uns kaum, zur Toilette zu gehen. Bei Dunkelheit gingen wir zur Arbeit und bei Dunkelheit kehrten wir zurück. Oft mußten wir uns danach noch zwei bis drei Stunden zur marxistischen Unterweisung zusammenfinden, um unseren Geist umzuerziehen. Die Temperaturen lagen oft unter Null, und wir saßen zitternd vor Kälte und erschöpft von der Tagesarbeit da. Unsere tägliche Arbeit bestand darin, schwere Steine oder Lehm über zehn Meilen weit zum Straßenbau zu transportieren. Unsere Nahrung bestand vorwiegend aus Kleie und Spelzen, was man nicht einmal Schweinen als Futter hingestellt hätte.

Einmal wurde ich ohnmächtig, als ich eine schwere Last auf dem Rücken schleppte. Ich fiel zu Boden und schlug mit dem Kopf auf einen scharfen Stein. Als ich wieder zum Bewußtsein kam, mußte ich an die Worte meines geliebten Meisters denken: 'Die Füchse haben Gruben und die Vögel unter dem Himmel haben Nester, doch der Menschensohn hat nicht, da er sein Haupt hinlege.' Ich stand auf, hob die Last auf meinen Rücken und trug die Bürde mit neuer Kraft, während ich zu mir sprach: 'Mein Herr hat entsetzlich gelitten, warum soll ich dann klagen?'

Als die Kulturrevolution einsetzte, wurde ich in ein anderes Arbeitslager mit 10000 anderen Zwangsarbeitern eingewiesen. Ich stellte dort fest, daß nur sehr wenige wußten, warum sie dort waren oder welche Verbrechen sie begangen haben sollten. Alles schien so hoffnungslos.

Nur drei wagten, sich offen als Christen zu bekennnen. Die zuständigen Behörden hetzten andere auf uns, um uns zu quälen.

Der Druck war in der Tat so intensiv, daß wir Tag und Nacht nicht zur Ruhe kamen. Man schlug uns. Bei der Essensausgabe mußten wir uns stets hinten anstellen und bekamen nur, was übrigblieb. Wir wurden aber nicht nur körperlich drangsaliert, sondern auch geistig isoliert.

Doch die schlimmste Verfolgung bestand darin, daß 'Freunde' versuchten, mit uns zu argumentieren. Wir aber erkannten, was sie im Sinn führten. Eines Tages nahm mich ein besonders freundlicher Mann beiseite und sagte: 'Warum wollen Sie dies alles erdulden? Sie haben Frau und Kinder? Haben Sie denn keine Sehnsucht, zu ihnen zurückzukehren?' Er konnte an meinem Gesicht ablesen, wie sehr es mich verlangte, meine geliebte Frau und meine Kinder wieder in den Armen zu halten, und die Versuchung wuchs, als er fortfuhr: 'Sobald Sie sagen, daß Sie nicht an Gott glauben, wird man Sie umgehend heimschicken, und Sie können eine große Familienfeier veranstalten.'

Ich aber antwortete: 'Mein Herr ist für mich am Kreuz gestorben. Wie kann ich ihn verleugnen?'

Ich ging zu meiner Arbeitsgruppe zurück, und die Quälereien setzten von neuem ein. 1979 trat in China eine Lockerung ein. Tausende von Gefangenen wurden freigelassen, doch ich war nicht darunter. Ich konnte nicht begreifen, warum. Im Jahre 1980 schickten sie auch mich endlich heim.«

Zu den Hausgemeinden gehören nicht nur ältere Leute. In den Gemeinden der Patriotischen Bewegung der Dreifachen Selbstbestimmung ist die Bekehrung junger Menschen unter 18 Jahren ungesetzlich. Man versucht deshalb nachdrücklich, junge Leute vom Besuch religiöser Veranstaltungen fernzuhalten. Die Regeln der PBDS in den Provinzen legen fest, daß die Bekehrung junger Menschen, die noch minderjährig sind, verboten ist.

Es liegen eindeutige Beweise vor, daß junge Menschen, selbst wenn sie über achtzehn sind, bei ihrer Arbeitseinheit gemeldet werden, wenn sie sich an die offizielle Kirche gewandt haben, um sich taufen zu lassen. Man setzt sie dann unter Druck, den Kirchenbesuch einzustellen. Dennoch besuchen auch junge Leute die Gemeinden der PBDS.

In den Versammlungen der Hausgemeinden sind junge Leute sehr willkommen. So geschah es, daß sich unter den Teilnehmern ein junges Mädchen von knapp siebzehn Jahren befand. Hier ihr Zeugnis:

»Ein erbitterter Kampf gegen mich begann. Ich wurde sehr depremiert und fragte mich: 'Warum geschieht mir das alles? Ich bin eine gute Christin und habe niemals etwas Unrechtes getan. Warum bekämpfen sie mich und nicht jene, die wirklich böse Dinge getan haben?'

'Glaubst du immer noch an Jesus?' schrien sie.

'Ja, ich glaube an ihn.' Ihre Depression schwand. Sie empfand nicht länger Mitleid mit sich selbst.

Man band ihr ein Brett von eineinhalb Meter Länge und 30 Zentimeter Breite auf den Rücken, das man mit Plakaten beklebte, auf denen ihre angeblichen Verbrechen zu lesen waren. Auf den Kopf stülpte man ihr eine Narrenkappe und drückte ihr einen Gong in die Hand, den sie schlagen mußte, damit die Leute vor ihrem Kommen gewarnt wurden, wie einst in früheren Zeiten vor den Aussätzigen, die unrein, unrein rufen mußten. Auf die Kappe hatte man zum Spott vier Schriftzeichen geschrieben, die besagten: Gott segnet.

Das war als Schande gedacht. Doch das junge Mädchen trug die Inschrift als Zeugnis, daß Gott die Menschen wirklich segnet.

Mit dem hohen Hut und dem Gong wanderte sie durch Straßen und dankte dem Herrn, daß sie die Botschaft »Gott segnet« verbreiten durfte.

Nach diesem Aufzug durfte sie nach Hause zurückkehren. An den folgenden Tagen kamen viele Menschen zu ihr und erkundigten sich nach dem Gott, der segnet.« —

Auf der anderen Seite des Raumes saß ein junger Mann ungefähr im gleichen Alter auf dem Boden, beide Beine vor sich ausgestreckt. Krücken lagen neben ihm. Eine Plastiksandale fiel von seinem Fuß, als er sich erhob und in die Hosentasche griff. Schließlich zog er ein Stückchen zerknittertes Papier heraus und faltete es mit beiden Händen sorgfältig auseinander, während er sich wieder auf den harten Boden setzte. Seine Lippen bewegten sich, als er von dem Papierschnipsel abzulesen begann. Er hatte die Schriftstelle für die Lesung des heutigen Abends mitgebracht. Hier nun sein Bericht:

»Obwohl meine Eltern gläubige Christen waren, bekehrte ich mich erst, als ich diesen Unfall hatte und zum Krüppel wurde. Als ich sechs Jahre alt war, verlor mein Vater wegen seines Glaubens die Freiheit. Diese schrecklichen Augenblicke und Erlebnisse haben sich mir unauslöschlich eingeprägt. Ich kann nicht beschreiben, was ich durchgemacht habe. Ich mußte die Jahre meiner Kindheit mit dem Mal durchleben, daß mein Vater in einem Arbeitslager inhaftiert war.

Ich kann mich daran erinnern, wie ich zum Postamt ging, um ein Paket von meinem Vater abzuholen. Als der Schalterbeamte sah, wo das Paket herkam, veränderte sich plötzlich sein Gesichtsausdruck — Mitleid oder Anklage? Ich habe oft von meinem Vater geträumt. Endlich wurde er freigelassen. Als ich ihn sah, schien er sich gegenüber der Erinnerung aus meiner frühen Kindheit sehr verändert zu haben. Zehn Jahre war es her, daß man ihn ins Arbeitslager gebracht hatte. Damals war er jung und stark gewesen, doch nun war er sehr gealtert.

Nicht lange danach begann die Kulturrevolution. Ich war sechzehn und mußte die Schule verlassen, um auf dem Feld zu arbeiten. In dieser Zeit schloß ich mich einer Gruppe von Jugendlichen an, die wenig nachdachten und in der Gegend eine Menge Unruhe verursachten. Wir stritten, tranken, stahlen und waren hochbefriedigt über dieses ziellose, zügellose Leben. Wir erkannten nicht, daß wir sündigten, denn wir lebten in der Finsternis.

Im Jahre 1969, nach dem Ende der Kulturrevolution, lernte ich einen anderen Freundeskreis kennen, der sich von der anderen Gruppe völlig unterschied. Das waren ordentliche, kultivierte junge Menschen. Ihr Leiter sprach oft mit uns darüber, warum der Mensch verdorben ist. Ich war anderer Meinung als er und wollte nicht zugeben, daß das sündhaft war, was wir getan hatten. Ich stritt sogar mit ihm, und sagte ihm, das sei unser Protest gegen jene, die Schuld an den Ungerechtigkeiten unserer Gesellschaft tragen. Doch jede Blume welkt eines Tages... Das war mein 'goldenes Zeitalter'.

1973 verletzte ich mir bei einem Unfall schwer das Rückgrat. Seitdem bin ich ein Krüppel und werde nie wieder gehen können. Der Arzt sagte mir nach dem Unfall, ich hätte nicht mehr als drei Monate zu leben. Es sind aber bereits sechs Jahre vergangen, und ich lebe immer noch — dem Herrn sei Dank dafür! Damals geschah es, daß ich lernte, auf Gott zu vertrauen und für ihn zu leben. Ist das nicht ein Wunder? Andere mögen denken, ich sei unglücklich dran, doch ich bin es nicht.

Nach dem Unfall waren manche meiner Freunde sehr um mich besorgt, doch keiner konnte etwas für mich tun. Jeden Tag hatte ich hohes Fieber. Eines Tages besuchte mich ein Freund, der gläubiger Christ war. Es war noch eine Freundin bei mir zu Besuch, die aus einem christlichen Elternhaus stammte, aber selbst noch nicht zum christlichen Glauben gefunden hatte. Nun, dieser Christ sagte uns, wir sollten mit ihm zusammen für meine Heilung beten. Nur zögernd taten wir es. Nachdem wir etwa eine halbe Stunde gebetet hatten, begann meine Körpertemperatur plötzlich zu fallen. Das war das erste Mal, daß ich Gottes Gnade erfuhr. Ich spürte seine heilende Kraft, während ich meine Sünden vor ihm ausschüttete. Mein neues Leben mit Christus begann.« —

Dies ist *sein* Volk: mit Singen, Beten und unter Tränen dienen sie Ihm. Keine Spur von Bitterkeit, kein Wort der Rache klingt an in den Antworten auf die Frage: »Wie haben Sie überlebt?«

»Es gab Zeiten, in denen es sehr schwierig war, aber das ist eben so, wenn man hier in China Christ ist. Wir sind bereit, diesen Preis zu zahlen«, meinte einer.

»Erzählen Sie mir davon«, drängte ich ihn.

»Ich war in einem Gefängnis, wo wir unter unmenschlichen Bedingungen in einem winzigen Gelaß zusammengepfercht waren. Wir durften nicht miteinander sprechen oder tagsüber einschlafen. Eine Wache schaute von Zeit zu Zeit durch das Guckloch in der Tür. Viele wurden krank, andere verloren den Verstand.

Eines Tages stürzte einer der Wachposten in die Zelle und schrie: 'Lassen sie das Lächeln!' 'Ich lächle nicht', entgegnete ich ihm. 'Doch', schrie der Wachposten. Als er draußen war, sagte ein anderer Gefangener: 'Ihre Augen lächeln immer, und auf Ihrem Gesicht liegt ein Glanz, auch wenn Sie nicht lächeln.' Die meisten meiner Mitgefangenen waren keine Christen, zumindest damals nicht.

Eine Zeitlang wurden wir auf die Reisfelder geschickt, wo wir siebzehn Stunden am Tag arbeiten mußten. Wir standen fast bis zu den Hüften im Wasser, bis unsere Leiber über und über wund waren. Für einen Menschen, der Ende sechzig ist und an eine solche Arbeit nicht gewöhnt war, ist das fast unerträglich. Noch schlimmer war es jedoch, die ganze Zeit hindurch die gemeine Sprache mit anhören zu müssen, die die übrigen Gefangenen führten. Als ich das dem Herrn klagte, antwortete er mir: 'Bist du heiliger als ich? Ich verließ die vollkommene Reinheit des Himmels, um in eurer schmutzigen Welt zu leben.' Oftmals sprach der Herr zu mir auf ganz ungewöhnliche Weise.

Um die Zeit meiner Verhaftung wurden viele führende Christen ins Gefängnis geworfen. Mir fiel eine Schriftstelle aus dem 13. Kapitel des Propheten Sacharja ein, wo es heißt: 'Schlage den Hirten, daß sich die Herde zerstreue.' Ich fürchtete, dies könne auch bei uns mit der Herde der Kinder Gottes geschehen. Nun, da ich wieder in Freiheit bin, erkenne ich, daß Gott sein Volk nicht nur in all den Leiden bewahrt hat, sondern darüber hinaus in verschiedenen Teilen Chinas den Glauben an Christus neu aufkeimen läßt. Ich habe vor, einige dieser Erweckungsgebiete persönlich zu besuchen und ich erkenne, daß sich Sacharja 13,9 unter uns erfüllt:

‘Ich will den dritten Teil durchs Feuer gehen lassen und läutern, wie man Silber läutert, und ihn prüfen, wie man Gold prüft. Die werden dann meinen Namen anrufen, und ich will sie erhören. Ich will sagen: Es ist mein Volk; und sie werden sagen: Herr, mein Gott!’«

Ob am Tag oder in der Nacht, immer trifft sich irgendwo in China eine Hausgemeinde.

4 Lebendige Apostelgeschichte

Je mehr man sich mit der Hausgemeinde in China befaßt, desto stärker empfindet man die Parallelen zu den Ereignissen vor zweitausend Jahren. Zu der Zeit, als in China die fünfte Dynastie regierte, gab es weit im Westen, jenseits von Wüsten und Gebirgsketten, die auf keiner Karte verzeichnet waren, eine kleine Stadt namens Jerusalem. Auch in ihr gab es »offizielle« Kirchen, Synagogen genannt. Sie wurden von einer Gruppe auserwählter Männer beherrscht, die einer heidnischen Diktatur in Rom untertan waren. Doch in einem dumpfen, nur mit wenig Möbelstücken ausgestatteten Obergemach traf sich eine kleine Versammlung von Männern und Frauen zu einer Art Hausgemeinde.

Lukas berichtet uns davon in der Apostelgeschichte im 2. Kapitel, Vers 42-47«

Sie hielten fest an der Lehre der Apostel, an der Gemeinschaft, am Brotbrechen und am Gebet.

Es kam Furcht über alle, und es geschahen auch viele Wunder und Zeichen durch die Apostel.

Alle aber, die glaubten, waren beieinander und hatten alles gemeinsam.

Sie verkauften Besitz und Habe und teilten den Erlös unter alle, je nachdem es einer nötig hatte.

Und sie waren täglich im Tempel einmütig beieinander und brachen in den einzelnen Häusern das Brot, sie nahmen die Mahlzeiten ein voll Freude und mit lauterem Herzen, sie lobten Gott und waren beim ganzen Volk beliebt. Der Herr aber ließ täglich zur Gemeinde Menschen hinzukommen, die gerettet wurden.

Die Parallelen zwischen Jerusalem und China sind verblüffend und drängen sich geradezu auf.

EINE LERNENDE GEMEINDE

»Sie hielten fest an der Lehre der Apostel« (2,42).

Die Gläubigen in China sind sich darüber im klaren, daß ein guter Anfang allein nicht genügt. Man muß jeden Tag dran bleiben, den »guten Lauf zu vollenden«. So wie einst in Jerusalem nach dem Pfingstgeschehen eine Zeit besonderer geistlicher Aktivität einsetzte, empfinden die Christen Chinas heute, daß auch sie in besonderer Weise vom Heiligen Geist bewegt werden. Sie müssen nun den Weg zur geistigen Reife weitergehen.

Die Furcht, von der Wahrheit abzufallen oder in einen Strudel falscher Lehre eingesogen zu werden, ist überall vorhanden. Das Bedürfnis nach gründlicher biblischer Unterweisung ist ihnen bewußt, ein sehr ausgeprägtes Bedürfnis, das gestillt werden muß. Der junge Leiter einer Hausgemeinde, der keine theologische Ausbildung hat und dessen Kenntnisse der Schrift sich auf aufgezeichnete Abschriften aus Rundfunksendungen beschränkt, bekannte: »Meine größte Sorge und mein größter Wunsch ist, für mich persönlich mehr von Gottes Wort zu erfahren, damit ich nicht nur selbst innerlich wachsen, sondern auch andere unterweisen kann.«

Doch nicht nur die Leiter haben dieses starke Verlangen, Gottes Wort in sich aufzunehmen und alles darüber zu erfahren. Der Wunsch erstreckt sich auf alle Gläubigen, wie man es aus dem Bericht des Mitglieds einer Hausgemeinde feststellen kann.

»So oft ein Prediger kommt, um das Wort Gottes zu verkündigen, versammeln sich Christen aus einem Umkreis von vielen Meilen. Selbst wenn der Prediger sich bis zur Erschöpfung verausgabt hat, drängen sie ihn, mit der Verkündigung des Wortes fortzufahren. Es wurden Fälle bekannt, wo sie Reisegepäck versteckten und ihn so nötigten, noch einige Tage zu bleiben. So groß war ihr Eifer, weiter in Gottes Wort unterwiesen zu werden.

In dieser Situation, wo die Menschen seit langer Zeit hungern und dürsten nach der Wahrheit, muß sich die Verkündigung auf den Herrn Jesus Christus selbst als den wahren Mittelpunkt konzentrieren. Die Prediger werden oft von Christen gedrängt, ihnen dabei zu helfen, den Herrn besser kennenzulernen.

Hier ein Beispiel: Ein Prediger wurde für einen Tag in eine Kleinstadt eingeladen, um dort Versammlungen zu halten. Bei Tagesanbruch war das Gebäude mit 600 Menschen gefüllt, weitere drückten sich in der Enge des Hofes. Sie waren bereit, das bitterkalte Wetter zu ertragen, um die Botschaft des Herrn zu vernehmen. Vor dem Eintreffen des Predigers sangen sie Choräle, um ihre Herzen auf die Botschaft Gottes einzustimmen.

Der Prediger sprach dreimal, und die Christen saßen und lauschten vom frühen Morgen bis spät in die Nacht. Selbst dann wollten sie noch nicht aufbrechen. Sie zogen ihn am Ärmel mit den Worten: »Nie haben wir eine so gute Predigt gehört.« Alle waren begierig darauf, daß ihnen die biblische Wahrheit und der Herr Jesus Christus offen und deutlich bezeugt wurden.»

Ein Wanderprediger berichtete, daß die Menschen ihn fragten, worüber er sprechen werde, als er sich zum Predigen niedersetzte. Seine Antwort lautete: über Jesus Christus im Matthäus-Evangelium.

»O«, meinten sie, »er will das Matthäus-Evangelium predigen. Das ganze Buch handelt von Jesus Christus.« Sie nahmen ihn bei seinem Wort. Siebenunddreißig Stunden später beendete er die Darstellung des Lebens Jesu, wie es im Matthäus-Evangelium aufgezeichnet ist, und zwar Vers für Vers.

Zwar hat jede Hausgemeinde ihren Leiter oder Pfarrer, doch wird ein bedeutender Teil der Verkündigung von sogenannten »Wanderpredigern«[1] geleistet. Was sind das nun für Menschen? Woher kommen sie und was für ein Leben führen sie?

Das Zeugnis vom »Leben eines Wanderpredigers in China« sollte uns zeigen, daß die Hand des Herrn überallhin reicht. Was einst die Reiseprediger zu Pferde für Amerika leisteten, das leisten sie heute für China.

»Schon in sehr jungen Jahren wollte ich dem Herrn dienen. Ich predigte Kindern das Evangelium. Bald reiste ich überall herum — von Henan nach Hubei, von Hubei nach Shaanxi, von Shaanxi wieder zurück nach Hubei. In den sechziger Jahren empfand ich manchmal ganz deutlich den Ruf, über unseren Herrn zu sprechen, wo immer er mich hinsandte. Ich wußte, daß der Herr mich als sein Werkzeug benutzen und mich unterweisen wollte, und ich war willens, mein ganzes Leben dafür zu opfern, um ihm zu dienen.

Von 1967 an lebte ich unter christlichen Brüdern und Schwestern. Zu dieser Zeit behauptete Chiang Jing, die Frau Maos, das Christentum in China sei bereits ein Museumsstück, und es gebe keine Gläubigen mehr. Doch wir Brüder und Schwestern wußten sehr wohl, daß immer noch Menschen da waren, die von Ort zu Ort zogen und das Evangelium verkündeten. Dem Herrn sei Dank, daß er sein Volk durch diese Jahre des Aufruhrs hindurchgeführt hat. Der Herr hat in seiner Gnade seine Jünger zusammengeführt und mit neuem Leben erfüllt. Er hat uns gesegnet und uns gesagt, daß er mit uns sei, wenn wir das Werk der Wiederbelebung vollbringen.

Wenn die Kirche große Verfolgung zu erleiden hat, kommt mir das Gebet eines alten gläubigen Christen in den Sinn: 'O Herr, wir bitten dich, daß du in dem geheiligten Werk der Erweckung mit uns bist. Wir danken dir, Herr.' Ich habe dieses Gebet einmal gehört und werde es nie vergessen. Seit zehn Jahren spreche ich es beim Beten. Es ist wirklich Gnade und Barmherzigkeit des Herrn, die uns begleitet. Obwohl ich nur sehr wenig gebe, nimmt der Herr meine Dienste an. Er unterweist mich und führt mich, denn er schickt mich zu Christen im ganzen Land. Dem Herrn sei Dank für seine Barmherzigkeit.

Gerade jetzt denke ich über weitere Worte nach, die uns der Herr geschenkt hat. Der Herr gibt uns kein kummervolles Herz; unsere Herzen sind vielmehr erfüllt von Trost und Frieden. Der Herr liebt uns, was können uns Menschen tun? Der Herr, dem wir vertrauen, schenkt uns Kraft, damit wir dies alles vollbringen können. Dem Herrn sei dank für seine Gnade. Wir wissen, daß wir allein Gott gehorchen müssen und nicht den Menschen. Wenn wir von Dorf zu Dorf ziehen und predigen, werden wir durch die Worte des Herrn getröstet. Wir wissen, daß die, die auf ihn vertrauen, reichen Segen empfangen.

Wir danken dem Herrn, daß sich das machtvolle Feuer seiner Erweckung ausbreitet. Die Wunder seiner Kraft erstrecken sich auf alle Länder. Der Glaube, den die Wanderprediger im Herzen tragen, entzündet das Feuer an allen Orten, und das Feuer breitet sich von einem Platz zum anderen aus. Wir erkennen, daß die Wanderprediger von Gott für dieses Werk benutzt werden. Mit dem Erweckungswerk, das sie vollbringen, sind sie der echte Schatz der Brüder und Schwestern. Sie opfern alles, um Untergrundgemeinden ins Leben zu rufen, geheime Versammlungen zu veranstalten und die Brüder und Schwestern zu besuchen.

Im Laufe der Jahre geriet ich selbst mehrmals in unmittelbare Gefahr, verhaftet zu werden. Im Jahre 1976 drang einmal während einer Versammlung mit mehreren hundert Christen die Polizei ein und wollte alle Anwesenden verhaften. Wir waren mitten im Gebet, und ich stand bei den Brüdern und Schwestern betend im Hof. Eine der Schwestern zog mich hinunter und versteckte mich. Ich bekam nicht genau mit, was vor sich ging, weil wir beteten. Ein Bruder verbarg mich, und dann brachten sie mich an einen anderen Ort.

Einmal erzählte mir eine Mitschwester, falls es während der Versammlung zu einer kritischen Situation komme, wisse sie ein kleines Gebäude, in dem wir uns verstecken könnten. Falls Gefahr auftauche, könnten wir ganz schnell dorthin gelangen und würden bestimmt nicht entdeckt werden. Wir könnten uns dort für lange Zeit verstecken.

Auf einer anderen Versammlung im Jahre 1977 drang ein betrunkener Parteisekretär ein, der seiner Wut Luft machen wollte. Die Brüder und Schwestern umringten in einer geschickt koordinierten Aktion die Wanderprediger und auch den Parteisekretär. Als wir flüchteten, schienen die Fahrräder geradezu Flügel zu bekommen. Einige der Prediger wurden in die Berge geschickt, um dort ein Versteck zu suchen. Ein paar von uns wurden sogar zum Haus des Parteisekretärs gewiesen, und es stellte sich heraus, daß seine Frau wie auch Sohn und Tochter gläubige Christen waren. Ich sollte beim Sohn bleiben, den sie anwies, bei der Rückkehr des Vaters die Türen nicht aufzumachen. Nun, der Parteisekretär kam zurück, aber er wollte überhaupt nichts von mir wissen. Dann holten die Brüder und Schwestern mich ab und versteckten mich anderswo.

Wenn ich heute auf meine Erfahrungen in der Erweckung zurückblicke, dann erinnere ich mich, daß wir uns am Vorabend dieser Bewegung die Frage gestellt hatten, an wen wir eigentlich glaubten. Wem weist der Arm Gottes einen klaren Weg? Wir glaubten einfach an die Macht Gottes, unser Leben zu beschützen. Wir waren überzeugt, daß sein Werk ausgeführt werden müsse. Ich beschloß, im Glauben vertrauensvoll weiterzumachen, und der Herr stärkte mir diesen Glauben. Zu jener Zeit entstanden in unserem Bereich keine Gemeinden. Wir gingen deshalb weiter nach Hubei und predigten überall, wo wir hinkamen. Wir fanden Gelegenheit, Geschwister im Glauben zu stärken, doch sie waren sehr arm, und das machte mich traurig. Der Herr gab mir Kraft und legte mir die richtigen Worte in den Mund. Gott tröstete mich, und wir litten gemeinsam. O, unser Gott ist ein Gott der Liebe!

Er bleibt auch dann ein Gott der Liebe, wenn wir ihm gegenüber kalt bleiben und ihn zurückweisen. Der Herr verleiht uns Kraft für die Begegnung mit den Brüdern und Schwestern, daß wir ihnen das Zeugnis des Glaubens vermitteln können. Er lenkt unser Leben, wenn wir unterwegs sind. Sein Werk ist zwar mühevoll und die Last, die wir tragen, schwer, doch ich spürte einfach, daß ich mein Leben in seinen Dienst stellen mußte. Nachdem wir mit diesem Dienst an den Brüdern und Schwestern begonnen hatten, wurde ein Jahr daraus, dann zwei und schließlich drei. Das war 1975. Ich sage dem Herrn Lob und Dank für seine Barmherzigkeit.

Im Jahre 1973 erlebten wir, wie der Herr sein Werk an vielen Plätzen tat, mit Wundern und der Kraft des Heiligen Geistes das Feuer der Erweckung entfachte. Das führte dazu, daß sich unser Wirkungsbereich ausdehnte und immer mehr Menschen zum Glauben fanden. Alle waren voller Begeisterung, und wo wir hinkamen, wurden wir angenommen. Wir waren tief bewegt von der großen Liebe, die uns entgegengebracht wurde. Manchmal ließ man uns einfach nicht gehen. Nie entschieden wir selbst, wo wir uns hinwenden wollten. Wir hörten auf die Meinung der Brüder und Schwestern, wo eine Erweckung nötig sei, und lenkten unsere Schritte dorthin.

In jenen Tagen hungerte und dürstete die Geschwister nach dem Wort Gottes, und man hatte den Eindruck, niemand könnte je genug bekommen. In meinem Herzen betete ich: ‘Herr, ich weiß zu wenig über die Bibel. Ich fühle mich wie ein Mutterschaf, das all diese Lämmer nähren muß, und keine Milch mehr dazu hat.’ Ich fühlte mich hilflos, wenn ich Hunderte von Brüdern und Schwestern in den Versammlungen sah und in mir nur Leere empfand. Tränen liefen mir über das Gesicht, und ich sprach: ‘Herr, schau auf alle diese Menschen. Sie sind deinetwillen gekommen, und nichts anderes wird sie befriedigen. Du hast mich auf diesen Platz gestellt, aber ich kann nichts weiter tun. Herr, habe Erbarmen mit ihnen und mit mir.’ Sooft ich so zum Herrn betete, schenkte er mir seine Botschaft aus Erbarmung mit den Brüdern und Schwestern.

In dieser Zeit ging von den Boten, die die frohe Botschaft verkündeten, ein wahrer Segen aus. Wo wir auch hingingen, folgten uns viele Menschen. Die dichte Menge war ein ergreifender Anblick. Auf unserer Wanderung über die Gebirgspfade pflegten wir zu singen, und es spielte dabei keine Rolle, ob es Tag oder Nacht war. Kamen wir zu einer Familie, dann taten sie alles, um uns zu versorgen. Sie empfanden es als Ehre, daß sie für würdig erachtet wurden, einen Diener Gottes zu empfangen. Manchmal waren die Familien, denen die Ehre nicht zuteil wurde, verletzt und hielten sich für unwürdig. Manchmal empfanden sie sogar Neid auf die Familien, die einen Prediger beherbergen durften. Auf diese Weise hat Satan viele Christen versucht.

An dieser Stelle möchte ich erläutern, wie wir unsere Bibelgruppen bildeten. Für Neubekehrte, die mehr über die Bibel wissen wollten, organisierten wir Bibelstunden an verschiedenen Orten, die jeweils etwa zwei bis zweieinhalb Stunden dauerten. Zuerst unterwiesen wir einige Gemeindemitglieder, die dann zu zweit die Bibelgruppen besuchten. Dies geschah nach einem im voraus festgelegten Plan an jeweils einem anderen Abend der Woche. Innerhalb einer Woche erreichten sie alle Gruppen.

Bei unseren Bibelkursen folgten wir zwei Grundsätzen: zunächst vermitteln wir die Grundlehren der Bibel und dann die für die heutige Generation notwendigsten Botschaften der Schrift. Pfarrer und Prediger, die zu Gast anwesend sind, können über jedes beliebige biblische Thema sprechen, so wie es ihnen der Heilige Geist eingibt. Mit anderen Worten, wir wollen die Thematik der biblischen Botschaften weder formalisieren noch verallgemeinern, sondern den Brüdern und Schwestern eine unverbrauchte und lebensnahe Botschaft vermitteln, die den herrschenden Bedingungen am besten gerecht wird. Wenn die beiden Gemeindemitglieder in einem Bibelkreis ihre Botschaft verkündet haben, die ihnen aufgetragen wurde, dann werden sie zu einem anderen Kreis geleitet, und zwei andere aus dem Kreis übernehmen die Leitung. Auf diese Weise hören die Brüder und Schwestern aller Bibelkreise immer neue Botschaften mit den verschiedensten Themen.

Die Unterweisung anderer ist auch für sie selbst ein Lernvorgang. Wenn sie drei bis fünf Wochen, in manchen Fällen auch sieben bis acht, die Botschaft verkündet haben, wird eine Pause eingelegt. In dieser Zeit werden sie in Gruppen eingeteilt und bekommen verschiedene Teile der Bibel zugewiesen, die sie studieren sollen. Auf diese Weise gewinnen sie nicht nur Erfahrung in der Verkündigung, sondern auch in der Abhaltung von Bibelstunden und anderen Versammlungen.

Nachdem wir uns auf das grundlegende Lehrmaterial geeinigt hatten, druckten wir mehrere hundert Exemplare der wichtigsten biblischen Glaubensgrundsätze.[2] Als nächstes planen wir den Druck von »Das Studium der Wahrheit«, »Wie studiere ich die Bibel?« und »Die Übung der Wahrheit«. Wir werden dann jedem Bibelkreis ein Exemplar zuschicken.

Ich stehe nicht für mich allein da. Wir müssen ein ziemlich großes Gebiet erfassen, und wir haben einen dichtgedrängten Zeitplan. Wir meinen, daß wir den Brüdern und Schwestern noch viel zu verkündigen haben, vor allem denen, die wir nicht oft besuchen können. Sie wollen uns unbedingt predigen hören, das wiegt schwerer als ihre Sorge um unser körperliches Wohlergehen. Wir werden durch ihre Liebe mit neuem Mut erfüllt. Mit der Hilfe des Heiligen Geistes empfinden wir meist keinerlei Müdigkeit, wenn wir ihnen dienen. Gott sei Dank für seine Gnade!«

Von Zeit zu Zeit werden private Konferenzen für Geistliche abgehalten, auf denen Informationen ausgetauscht, Gemeinschaft gepflegt und zusammen die Bibel gelesen wird. Diese Veranstaltungen lassen sich nicht so ohne weiteres durchführen. Es gehört wesentlich mehr dazu, als sich eine Fahrkarte zu kaufen oder einige Tage Urlaub zu nehmen. Den Mitgliedern der Parteikader muß nicht nur mitgeteilt werden, wenn man von Zuhause weggeht und wo man hinfährt, sondern auch, wenn man Gäste bei sich aufnimmt, wer diese Gäste sind und was sie hier wollen. Lebensmittelkarten, ohne die man fast keine Lebensmittel kaufen kann, gelten nur im eigenen geographischen Bereich. Alle diese Hürden werden jedoch nur als belanglose Unannehmlichkeiten angesehen.

Vor kurzem wurde eine solche Konferenz an einem privaten Ort abgehalten. Es wurden weder Positionspapiere erarbeitet noch Pressenotizen veröffentlicht. Ein Teilnehmer gab jedoch folgenden Bericht:

»Sooft wir uns erheben, um zu predigen, bitten wir den Herrn um Kraft und Klarheit. Wir wollen den dringenden geistlichen Bedürfnissen der Gläubigen abhelfen.

Was die Verbreitung von falschen Lehren betrifft, steht das für die Gläubigen zunächst nicht an erster Stelle, denn sie haben die wesentlichen Elemente des Glaubens noch nicht klar erfaßt. Würde man in der Predigt direkt gegen Ketzerei und unorthodoxe Glaubenslehren Stellung nehmen, dann würde sie dies nur verwirren und ihnen einen schlechten Eindruck von der Kirche vermitteln. Sie würden annehmen, in der Kirche herrsche Streit und Verleumdung. Das wäre für sie ein Stein des Anstoßes.

Die beste Methode besteht darin, die Wahrheit des Evangeliums auf positive Weise zu verkündigen, das heißt, die Hauptlehren der Bibel klar zu erläutern, damit die Christen selbst lernen, Wahrheit und Irrtum zu unterscheiden. Aussagen, die noch unklar sind, werden zunächst übergangen. Auf diese Weise können die Gläubigen trotz gewisser Einschränkungen wirksam unterrichtet werden.

Auf dem Lande wünschen es die Christen meistens, daß der Prediger die wichtigsten biblischen Aussagen immer wieder behandelt, bis sie bei ihnen haften bleiben. Die Verkündigung braucht daher einen reichhaltigen Wortschatz, um die Botschaft anschaulich zum Ausdruck zu bringen. Diese Art der wiederholenden Predigt ist keineswegs langweilig; sie hilft den Christen vielmehr, die Wahrheit zu verstehen und verhilft ihnen zu engerer Gemeinschaft mit dem Herrn.

Das chinesische Festland braucht heute Prediger mit Geistesgaben, die geschickte Arbeiter sind und für das Wohl der Herde sorgen können. Jede Botschaft sollte das geistliche und erzieherische Niveau der Gläubigen heben, ihr Herz anrühren und sie im Glauben aufbauen.

Das meist ziemlich niedrige Bildungsniveau auf dem Lande gibt dem Prediger nicht das Recht, in seiner Verkündigung nachlässig zu sein. Der Herr Jesus Christus sagt: 'Ich bin der gute Hirte und kenne die Meinen und die Meinen kennen mich... Sie werden meine Stimme hören' (Joh. 10,14-16). Jeder, der geistliches Leben hat, gehört zu Christus und kennt ihn. Die Gläubigen wollen *seine* Stimme hören und sind nur zufrieden, wenn Christus gepriesen wird.

Die letzten Jahrzehnte in China haben gezeigt, daß die Herde Christi selbst bei einem großen Mangel an Bibeln und Predigern dem guten Hirten folgen will und seine Stimme sehr wohl erkennen kann.«

Eine *lernende* Kirche braucht nicht nur Lehrer und Prediger, sondern auch Bibeln. Eine vollständige Bibel wird in vielen Teilen der Welt als Selbstverständlichkeit hingenommen, für die Christengemeinde Chinas dagegen stellt sie eine Perle von unschätzbarem Wert dar.

1966 unternahmen die Roten Garden größte Anstrengungen, alle Bibeln, Gesangbücher und andere christliche Literatur zu verbrennen. Sie leisteten ganze Arbeit. Heute ist es nicht ungewöhnlich, wenn eine Gruppe von mehreren hundert Menschen nur eine einzige Bibel hat.

Eine Frau brachte das vollständige Alte und Neue Testament, das sie besaß, in Leinen eingewickelt wie einen kostbaren Schatz zu den Versammlungen mit. Wenn der Pfarrer aus der Schrift las, nahm er behutsam die Bibel aus der Hand der Frau, wickelte sie sorgfältig aus und las den Text vor. Nach Beendigung des Gottesdienstes reichte er ihr die Bibel zurück, und sie hüllte sie wieder in das Leinentuch ein, wie dies vor langer Zeit andere mit dem Leib des Herrn getan hatten.

In manchen Hausgemeinden werden einzelne Mitglieder im voraus instruiert, welche Schriftstelle für die nächste Versammlung benötigt wird. Jeder schreibt dann einen Vers ab und bringt ihn mit. Wenn der Leiter aus der Schrift vorlesen will, sammelt er die handschriftlichen Bibelstellen ein, stellt sie zusammen und hat dann den vollständigen Text. Falls die Polizei den Gottesdienst unterbricht, bleibt wenigstens die Bibel erhalten. Der Verlust würde sich dann nur auf einige handgeschriebene Verse beschränken.

Aus anderen Berichten ist zu entnehmen, welche Beutungen die Gläubigen dem Besitz von Gottes Wort beimessen.

»Einmal wurden vierzehn junge Leute von den Behörden ertappt, als sie Neue Testamente in ein bestimmtes Dorf bringen wollten. Sie wurden ebenso beschlagnahmt wie die Fahrräder, auf denen die jungen Leute unterwegs waren. Alle vierzehn wurden wegen antirevolutionärer Tätigkeit inhaftiert, die als Kapitalverbrechen gilt.«

In einem anderen Bericht heißt es: »Ich kenne ein Dorf, in dem es 5 000 Gläubige und vier Prediger, aber nicht eine einzige vollständige Bibel gibt. Ein einziges Gemeindemitglied besitzt ein Neues Testament, das beim dreizehnten Kapitel des Markusevangeliums beginnt und bis zum Titusbrief reicht.

Zwei Gläubige aus dem Norden erfuhren, daß im Süden des Landes einige Bibeln verfügbar wären. Sie sparten einen halben Jahreslohn zusammen, damit sie dorthin reisen und wenigstens eine einzige Bibel für ihre Glaubensbrüder kaufen könnten.

Bei der Ankunft an ihrem Bestimmungsort erfuhren sie zu ihrem Leidwesen, daß keine Bibeln verfügbar wären. Die beiden brachen bei dieser traurigen Nachricht in Tränen aus. Am nächsten Tag hörte ein anderer, dem 30 Bibeln zur Auslieferung übergeben worden waren, von ihrer Not und gab ihnen alle dreißig. Die Glaubensbrüder boten ihnen Essen und ein Quartier an, doch sie lehnten ab mit dem Hinweis, daß sie auf der Reise wegen der Bibeln gefastet und gebetet hätten und auch auf ihrer Heimreise zum Dank fasten und beten wollten.«

Ein anderer gibt folgendes Zeugnis:

»Wenn wir vor finanziellen Problemen stehen und dann von Brüdern und Schwestern aus dem Ausland Geld erhalten, danken wir Gott mit gesenktem Kopf und geben ihm die Ehre. Diese finanzielle Hilfe hilft der Hausgemeinde sehr, doch die größte Hilfe ist für uns eine Bibel. Wenn ich früher in der Bibel lesen wollte, mußte ich mehr als hundert Meilen gehen. Ich lieh mir das kostbare Buch für kurze Zeit aus, mußte es dann aber wieder zurückgeben. Eines Tages gab uns jemand eine Bibel. Als sie in die Versammlung gebracht wurde, konnten wir kein Wort herausbringen. Tränen der Freude liefen uns übers Gesicht, und Dankgebete wurden laut. Wir behandelten die Bibel mit liebevoller Sorgfalt und dankten Gott dafür.«

Ein Christ berichtet:

»Die Ankunft dieser geistlichen Nahrung brachte den Mitgliedern der Gemeinde hier großen Trost. Bei ihren Gebeten vergossen sie Tränen der Dankbarkeit. Wir haben dem Herrn reichlich für eure liebevolle Sorge um uns gedankt und bitten ihn, die Frucht, die Ihr im Herrn gebracht habt überreich zu segnen und euch eine unzerstörbare und unvergängliche Belohnung teilwerden zu lassen. Zu einer Zeit, in der wir dürsten mußten, habt Ihr uns frisches Quellwasser beschert. Ihr wurdet für uns die von Gott gesandten Boten des Lichts und ein warmer Frühlingswind in unseren Herzen.«

In einer Gesellschaft, in der jeder eine Bibel haben kann, mag das nur schwer zu begreifen sein.

Im folgenden Brief wird die Bedeutung von Gottes Wort für die Hausgemeinde dargelegt und berichtet, wie die Mitglieder reagierten, als sie ein Exemplar erhielten:

»Liebe Freunde, dem Herrn sei Dank! Heute drängt mich der Geist des Herrn, auf einige Fragen zu antworten. Ich möchte euch sagen, was ich nach dem Empfang dieser Bibel empfinde. Ich glaube, der himmlische Vater hat mich wirklich lieb. Ich bin tief bewegt und ermutigt um euretwillen. Durch seine Liebe seid Ihr bereit, uns zu helfen auch unter der Gefahr, euer Leben aufs Spiel zu setzen. Zuerst fühlte ich mich herausgefordert und neu erweckt. Später fand ich den Zugang zu dieser Bibel und begann viele Wahrheiten zu verstehen. Ich kann auch den Willen Gottes erkennen. Nun weiß ich, daß ich nichts weiter war als eine aufgehende Pflanze ohne Regen. Ich bin wie ein hungernder und dürstender Mensch, der Nahrung und Wasser vor sich sieht.

Diese Bibel hat mir schon viel geholfen. Ich fand Weg, Ziel und die Wahrheit des Lebens in ihr, die uns lehrt, keiner falschen Lehre zu folgen und nicht den falschen Weg einzuschlagen. Vorher bin ich auf vielen verkehrten Wegen gegangen. Ich verließ mich auf eigenes Wissen und eigene Klugheit, und das führte in die Irre. Ich danke dem Herrn von Herzen. Er hat mich wirklich lieb. Er hat mir durch euch diese Bibel zukommen lassen, die mir hilft, den falschen Weg zu verlassen und auf den richtigen zu gelangen.

Ich bin stärker, seit ich diese Bibel habe. Niemand wird von jetzt an betrogen, denn wir wissen den richtigen Weg, dem wir folgen müssen. Viele Brüder und Schwestern haben sich vom verkehrten Weg abgewandt.

Als ich diese Bibel erhielt, wollten viele Glaubensbrüder auch eine haben. Ich sagte, ich hätte nur diese, doch der Herr würde mir eine zweite zukommen lassen. Ich bin nicht der einzige, dem durch diese Bibel geholfen wurde. Wenigsten 5 000 weitere Menschen haben davon profitiert. Ehe ich diese Bibel besaß, hatte ich zu Hause am Feierabend nichts zu tun. Ich las Romanheftchen, spielte Karten oder plauderte mit meinen Geschwistern. Seit ich die Bibel habe, führe ich keine müßige Unterhaltung mehr mit ihnen. Sobald ich heimkomme, lese ich in der Bibel. Mein geistliches Leben wächst von Tag zu Tag zum Wohlgefallen des Herrn.

Liebe Brüder und Schwestern, ich möchte euch eins sagen. Seit ich diese Bibel bekam, hoffen Zehntausende von Christen darauf, eines Tages ein eigenes Exemplar zu besitzen, damit sie jederzeit darin lesen können und nicht warten müssen, bis sie eine Bibel ausborgen könne. Jetzt können sie die Bibel nicht lesen, wenn sie wollen. Sie alle sagen, wenn sie eine eigene Bibel hätten, würden sie abends oder morgens darin lesen, denn in der Bibel hätten sie das Brot des Lebens. Es wird zwar behauptet, daß es in China Religionsfreiheit und Bibeln gäbe, aber in Wirklichkeit fehlt uns beides. Zur Zeit kommen allein aus unserer Provinz Zehntausende von Christen, und viele beten unter Tränen dafür. Möge der Herr euch stärken und erhalten.

Nun, da ich diese Bibel habe, können wir viele Dinge klarstellen. Menschen wurden in ihrem Leid getröstet. Manche, die vorher nur unwillig den Regeln gefolgt sind, verstehen es jetzt besser und suchen den Willen des Herrn zu erfüllen Es gibt viele Irrlehrer. Jetzt sind wir in der Lage, sie zu entlarven. Es gab auch viele falsche Kirchenälteste, falsche Geistliche und falsche Propheten. Der Herr verläßt uns nicht. Er öffnet uns die Augen und gibt, daß wir besser verstehen.«

Die Patriotische Bewegung der Dreifachen Selbstbestimmung, die offizielle Kirche Chinas, behauptet, bis 1983 insgesamt eine Million Bibeln und Neue Testamente gedruckt zu haben. Das läßt sich schwer nachprüfen, doch viele Gläubige berichten aus verschiedenen Gegenden Chinas, daß es noch immer schwierig ist, Bibeln zu bekommen. Sie werden nur in den Büros der PBDS (nicht in öffentlichen Buchläden) verkauft und sind im allgemeinen nur für Mitglieder der PBDS erhältlich.

Jeder Kaufinteressent muß seinen Namen angeben. In der Praxis sieht es deshalb so aus, daß viele Christen in den Städten, die von der PBDS-Kirche nichts wissen wollen, und die überwiegende Mehrheit der Gläubigen auf dem Lande (80% der Bevölkerung Chinas und wahrscheinlich die meisten Gemeindemitglieder leben auf dem Lande) nicht in der Lage sind, eine Bibel zu kaufen. Käufe in größerem Stil können Ermittlungen nach sich ziehen. Der Leiter einer Hausgemeinde aus Henan wandte sich zum Beispiel im Sommer 1983 in zwei Städten an die PBDS, um 5000 Bibeln zu kaufen. In einer Provinzhauptstadt wurde ihm erklärt, die Gesamtzuteilung betrage 7000 Stück, und damit schickte man ihn weg. (Dies läßt erheblichen Zweifel an der Verfügbarkeit von PBDS-Bibeln außerhalb größerer Städte aufkommen.) Derselbe Mann ging dann nach Beijing, wo es ihm gelang, 500 Bibeln zu kaufen. Auf dem Heimweg wurde er jedoch verhaftet.

In den ländlichen Gebieten der Provinz Henan, wo die Kirche blüht und gedeiht, erzielten 1983 Bibeln auf dem schwarzen Markt Preise zwischen 20 und 30 RMB, das entspricht ein bis zwei Monatslöhnen eines durchschnittlichen Bauern. Ende 1983 berichtete ein Auslandschinese, daß eine Verwandte von ihm, eine nur 100 km von Kanton entfernt lebende Christin, zwei Jahre um eine Bibel gebetet habe. Sie war nicht in der Lage, eine zu bekommen, bis er ihr ein Exemplar schenkte.

Damit erhebt sich unweigerlich die Frage nach der korrekten

Weitergabe von Gottes Wort an die Gläubigen in China. Manchmal fällt hier der Begriff »Schmuggel«. Die meisten haben hierüber ihre eigene Meinung.

Ein Tourist, der selbst Missionar ist, besuchte während einer 17-tägigen Reise die »Kirche« Chinas und die 'Morning Post' Südchinas meinte unter anderem dazu: »...Missionare, die in China herumreisen und Bibeln verhökern, tun dies gegen den Willen der Kirche.« Jener Tourist war der Meinung, daß es im Lande Mangel an Bibeln gibt und daß die Führer der (PBDS)-Kirche diese Tatsache anerkennen, doch die Kirche (PBDS) wünscht nicht, daß Außenseiter mit Bibeln hausieren.«
Er kommt dann zu dem Schluß: »Ich halte es für sehr unvernünftig, wenn Leute nach China gehen und Bibeln gegen den Wunsch der Kirche (PBDS) in China verteilen.«

Die PBDS hat sich ständig dagegen gestellt, daß Bibeln und christliche Literatur vom Ausland nach China gebracht werden. Bischof Ding, Vorsitzender der PBDS, erklärte, daß »alle Tätigkeit von Missionaren und Kirchen Ausdruck der Mißachtung und Unfreundlichkeit sind«.[3]

Auf lokaler Ebene stellt die PBDS fest, daß »wir uns der Infiltration reaktionärer Kräfte von ausländischen Kirchen widersetzen. Zu diesen Aktivitäten gehört die Infiltration durch religiöse Literatur oder finanzielle, beziehungsweise materielle Hilfe.«[4]

Bei allen Diskussionen über die Mitnahme von Bibeln und christlicher Literatur nach China wird eine Gruppe von Menschen völlig außer acht gelassen: die Gläubigen in China selber. Wir kennen zwar die Einstellung der Leiter der PBDS, aber was denken die Gläubigen selbst?

Wenn man ihnen die direkte Frage stellt: »Was halten Sie davon, Bibeln einzuschmuggeln?«, dann erhält man etwa folgende Antworten: »Für Sie, die an einer Festtafel sitzen, ist es leicht, über die Speisung derjenigen zu moralisieren, die nichts zu essen haben und am Verhungern sind.«

»Ich habe 3000 Menschen in Hausgemeinden zu besuchen und zu unterweisen. Wir besitzen drei vollständige Bibeln und zwei Neue Testamente. Was würden Sie machen, wenn Ihnen jemand eine Bibel anbietet?«

»Lassen Sie uns entscheiden, ob irgendeine Gefahr damit verbunden ist. Wir können das arrangieren; Sie brauchen sie nur für uns zu besorgen.«

»Überlassen Sie lieber uns die Verantwortung vor dem Herrn dafür, ob dies moralisch ist oder nicht.»

»Sollen wir vielleicht ein Neues Testament bekommen und alles herausreißen, was Paulus geschrieben hat? Niemals! Vergessen Sie nicht, daß alles, was Paulus geschrieben und für die Kirche getan hat, geschah, nachdem ihn die Führer der Synagoge töten wollten und die Gläubigen ihn aus der Stadt *schmuggelten* und in Sicherheit brachten.«

Die Frau des Nobelpreisträgers Alexander Solschenizyn hat es treffend so ausgedrückt, als sie die Frage der Verkündigung des Evangeliums in einer verfolgten Kirche aufgriff: »Wenn jemand eine leere Hand ausstreckt, würden Sie dann einen Stein hineinlegen?«

Noch ein anderes Buch wird von der *lernenden* Kirche gehegt und gepflegt. Wie die Bibel, so haben die Menschen anderer Länder es direkt vor sich in der Kirchenbank und nehmen das als selbstverständlich hin. Kein Angehöriger der Hausgemeinde in China wird je ein *Gesangbuch* als etwas Selbstverständliches empfinden.

Singen gehört zum Gottesdienst, zum Lob Gottes, zum Lernen. Ein Gesangbuch ist etwas sehr Kostbares. Die Musik ist ein bedeutender Teil im Leben der Gläubigen in China, wie hier bezeugt wird:

»Der Choral 'Niemals allein' hat für mich eine ganz besondere Bedeutung. Ich bin jetzt seit etwas über einem Jahr in Hongkong. Verwandte hier haben für mich gebürgt. Oft werde ich gefragt, ob ich mich einsam fühle und wie ich mich an das Leben hier gewöhne. Dieses Lied ist die beste Antwort, die ich finde: 'Nein, niemals mehr allein.' So hat der Herr mir verheißen, niemals läßt er mich allein!

Wenn ich zurückblicke, dann habe ich aus diesem Lied in den vergangenen Jahren viel Kraft geschöpft. Ich kann es wirklich von ganzem Herzen singen. Ich wuchs in einem christlichen Heim auf und übergab Gott mein Leben, als ich elf Jahre alt war. Ich wollte an der Universität studieren. Die Aufnahmeprüfungen waren nicht einfach. Die guten Oberschulen in meinen Bezirk konnten sich fünf Plätze an der Universität sichern, doch meine Schule bekam nur drei. Einen davon erhielt ich. Ich empfand das als besondere Gnade Gottes. Doch danach liefen die Dinge nicht mehr so glatt und einfach.

Ich kam 1957 an die Universität, dem Jahr der Kampagne gegen Rechtsabweichler. Als Christ war ich Zielscheibe der Kritik. Man hielt Kritikversammlungen ab, bei denen ich mitten in einen Kreis gestellt wurde, sooft sie das Bedürfnis hatten, mich einem Kreuzverhör zu unterziehen. Nach dem Verhör pflegte einer aus der Gruppe eine vorbereitete Rede zu verlesen. Hatten sie das Spiel satt, dann schickten sie mich weg, bis sie das Verlangen hatten, das Ganze von vorn zu beginnen. Damals war ich sehr allein, weil niemand im Gespräch mit mir gesehen werden wollte. Ich wohnte zwar auf dem Campus, doch aß und arbeitete ich für mich allein.

Eines Abends, als ich mich zutiefst einsam und bedrückt fühlte, wanderte ich einen nahegelegenen Hang hinauf. Plötzlich kam mir dieses Lied in den Sinn: 'Niemals allein!' Zuerst sang ich das Lied ganz leise, dann lauter und immer lauter, bis mein Herz von Freude erfüllt war. Ich wußte, der Herr war in dieser schweren Zeit mit mir.

Die Universität lag 5000 Meilen von meinem Heimatort entfernt. Nach dem Abschluß wurde mir eine Arbeit in einer Fabrik zugewiesen. Man schickte mich in das bitterkalte Klima der Mandschurei, wiederum 5000 Meilen von der Universität weg, und weit, weit von zu Hause. Ich wurde von Fabrik zu Fabrik geschoben und mußte die schmutzigsten und ermüdendsten Arbeiten verrichten, die lange Arbeitstage erforderten — nur weil ich Christ war.

Zum Ausruhen fand ich wenig Zeit. Nach der Tagesarbeit hätte selbst meine Familie diesen mit Schmutz überzogenen Fabrikarbeiter nicht wiedererkannt. Viele von meinen Kollegen zogen sich Berufskrankheiten zu, aber ich blieb die ganze Zeit hindurch gesund. Dafür danke ich dem Herrn.

In der Fabrik wurde ich noch übler behandelt als an der Universität. Dort war ich nur ein Objekt der Kritik gewesen, in der Fabrik jedoch sah man in mir den Antirevolutionär und behandelte mich entsprechend noch härter. Wiederum tröstete mich dieses Lied »Niemals allein.«

Soweit die Vergangenheit, doch wie steht es mit der Zukunft? Eines weiß ich gewiß: daß ich niemals mehr allein sein werde!«

Trotz des Mangels an Bibeln, Gesangbüchern, Predigern, trotz der Schwierigkeiten mit den Versammlungen hungert die Hausgemeinde Chinas nach dem Wort Gottes. Wie die wenigen, die sich vor zweitausend Jahren in einem Obergemach trafen, ist auch sie begierig, zu *lernen*. Wie es der geliebte Arzt Lukas von ihnen sagte, so sagen wir auch heute von der Hausgemeinde in China: »Es ist eine lernende Kirche.«

EINE BETENDE GEMEINDE

»Sie hielten fest ... am Gebet« (Apg. 2,42).

William Barclay sagt in einem Kommentar über die Besonderheiten der Urgemeinde: »Apostelgeschichte 2, Vers 42 berichtet uns, daß sie nicht nur daran festhielt, der Lehre der Apostel zuzuhören, sondern sie beharrte auch im *Gebet*. Die frühen Christen mußten eine schwere Zeit durchleben. Haß und Abneigung schlug ihnen entgegen, und oft genug wurden sie verfolgt. Sie wußten, daß sie dies alles nicht ohne die Hilfe durchstehen konnten, die Gott ihnen gab. Sie waren eine betende Gemeinde.«[5]

Damit ist in wesentlichen Zügen die Hausgemeinde Chinas unserer Tage beschrieben. Jemand, der das Wachsen der Hausgemeinde untersucht hat, bestätigt das mit folgenden Worten: »Das hervorstechendste Wesensmerkmal der heutigen Hausgemeinde in China scheint das disziplinierte Gebetsleben jedes einzelnen Gläubigen zu sein. Chinesische Christen beten erstens um einen wachsamen und zum Gebet bereiten Geist, zweitens um das Verlangen, für andere zu beten, drittens um die Zeit und den Ort zum Gebet, viertens um die Energie, mit anderen zu beten und fünftens um die richtigen Worte im Gebet. Die chinesischen Christen haben ein Motto: »Wenig beten, wenig Kraft; nicht beten, keine Kraft.«

Wichtig ist auch, in welcher Weise ihr Gebetsleben die ganze Welt umfaßt. In einer der größten Städte Chinas trifft sich jeden Samstag morgen eine Gruppe von Menschen, die den Tag mit Beten und Fasten zubringen. Sie beginnen morgens um 9 Uhr und beten bis nachmittags 3 Uhr, notfalls auch länger. Sie sprechen nicht über das Beten, sie beten einfach — den ganzen Tag. Einmal lautete das wichtigste Gebetsanliegen, das vorgebracht wurde, daß »die Bibelschulen und Seminare in der westlichen Welt in der Wahrheit bleiben, damit sie nur das wahre Wort Gottes lehren.«

Es gibt eine Gruppe von Gläubigen, deren leitende Mitglieder im Durchschnitt 17 Jahre im Gefängnis verbrachten. Viele besitzen nur einige handgeschriebene Zettel mit Schriftstellen; Gesangbücher fehlen. Sie treffen sich unter der Bedrohung, als antirevolutionär abgeurteilt zu werden. Viele haben ihre nächsten Angehörigen verloren. Die Wohnungen sind im Winter ohne Heizung und im Sommer ohne Kühlung. Sie kommen zusammen, um zu beten. Und wofür beten sie?

Hier nun das Gebet einer Hausgemeinde:[6]

»Herr! Erwecke deine Kirche! Wir singen gerne diesen Choral, er ist der Schrei unserer Herzen. Aber bevor die Kirche erweckt wird, muß ich dich bitten, zuerst mich selbst zu erwecken. Wenn jeder Gläubige in China bereit ist, sich von dir entzünden zu lassen, wird sich das Evangelium im ganzen Land ausbreiten und die Millionen im Dunkeln lebenden Seelen erleuchten. Jeder Gläubige ist verantwortlich für die Ausbreitung des Evangeliums. Brüder, ich bitte euch, betet für mich. Möge unser Werk für Gott im Gebet seinen Anfang nehmen!

Der Herr verleihe mir die Gabe standhafter Liebe, damit ich seine Liebe in ihrer ganzen Tiefe verkündigen kann. Herr, schenke mir Kraft und Vollmacht, deine Liebe so vollkommen zu verkündigen, daß die Zuhörer überzeugt oder ermutigt werden, dir mit größtem Eifer nachzufolgen.

Herr, verleihe mir Weisheit des Geistes, daß ich die Botschaft des Heils im aufgerichteten Kreuz klar und vollständig darlegen kann; daß ich das Kreuz hochhalten und die Lehre vom Kreuz erklären und seine Wunder predigen kann, um so die Menschen anzurühren. O, ich bitte um die Gabe, das Kreuz hochzuhalten! Ich bitte um die Kraft des Heiligen Geistes, wenn ich vom Kreuz predige, damit alle Menschen durch die Macht des Kreuzes zum Herrn gezogen werden!

Herr, verleihe mir die Gabe der Predigt, um die Sünde bloßzulegen und den Menschen die Furcht vor der Sünde einzugeben. Der Heilige Geist helfe mir, die Menschen von der Sünde, der Rechtschaffenheit und dem Gericht zu überzeugen und zu ernsthafter Buße zu bewegen.

Herr, gib mir einen Geist der Scheu ins Herz, damit ich Demut erlange und täglich zunehme an Weisheit und Erkenntnis. Gib mir die Gabe des Gebets im Einklang mit deinem Willen.

Ich bitte um die Fähigkeit zum Gehorsam deinem Heiligen Geist gegenüber, damit ich meine Glaubensbrüder stärken kann.

Ich bitte um die Fähigkeit zum Gehorsam deinem Heiligen Geist gegenüber, damit ich meine Glaubensbrüder stärken kann.

Ich bitte um die Gabe, die Schrift durch die Schrift auslegen zu können und das Wort der Wahrheit richtig weiterzugeben.

Ich bitte um die Gabe, die Gemeinde erbauen und betreuen zu können und um prophetische Verkündigung.

Ich bitte um die Fülle des Heiligen Geistes.

Ich bitte darum, daß mein Leben ein Zeugnis wird und mehr Frucht des Geistes bringt.

Ich bitte um erfolgreichere Unterweisung in Liebe, Glauben, Geduld und Ehrfurcht.

Ich bitte um die Gabe, Menschen trösten zu können.

Ich bitte um die Bereitschaft zum Leiden.

Ich bitte um ein sanftes, demütiges, mitfühlendes, selbstloses und aufrichtiges Herz.

Möge der Herr meine Zunge lenken, damit die Worte, die ich spreche, andere Menschen erbauen.

Möge mir der Herr die Fähigkeit verleihen, Stolz, Eifersucht, sexuelle Unreinheit, Lügen und alles, was Gott seiner Ehre beraubt, zu hassen und Wahrheit, Demut, Sanftmut, Ehrlichkeit, Heiligkeit, Selbstbeherrschung, Treue, Rechtschaffenheit, Güte, Herzensgüte und Barmherzigkeit zu lieben.

Möge mir der Herr die Kraft geben, nicht die Welt oder ihren eitlen Glanz zu lieben, sondern mutig zu sein und mich vollständig Gott anheimzugeben.

Möge mir die Gabe verliehen werden, Gott zu loben und geistliche Lieder zu singen.

Ich könnte noch mehr aufsagen. Ein solcher Mensch zu werden, ist jedoch ein Werk der Gnade Gottes. Wenn Gott nicht hilft, kann der Mensch nichts tun. In allem brauchen wir den Herrn, denn ohne ihn können wir nichts tun. Wenn Christus für uns das Kostbarste ist, dann haben wir in ihm alles. Möge Gott mit uns sein, bei uns wohnen und uns auf unseren Wegen begleiten. Möge er uns die Kraft verleihen, nicht den Mut zu verlieren, sondern seinen Willen zu erfüllen. Möge er unsere Liebe zueinander, unsere Gemeinschaft und unseren Mut mehren! Der Herr sei mit uns!«

EINE GEMEINDE VOLL EHRFURCHT

»Es kam Furcht über alle« (Apg. 2,43).

Jene Gruppe von Gläubigen, die uns in der ersten Hausgemeinde des Neuen Testaments entgegentritt, war voller Scheu und Ehrfurcht über das, was Gott in ihrer Mitte vollbracht hatte. Das entdeckt man heute ebenso in der Hausgemeinde Chinas, vor allem bei jenen, die in ihrem eigenen Leben göttliche Wunder erfahren durften.

Ein Soldat der Volksbefreiungsarmee wurde sehr krank. Für einen Soldaten ist es illegal, Christ zu sein. Ein Kamerad jedoch, der Christ war, machte sich Sorgen um den Kranken. Er fürchtete sogar, er könnte sterben und ohne Christus in die Ewigkeit eingehen. Deshalb bezeugte er dem jungen Soldaten das Evangelium und ermutigte ihn, »an Jesus zu glauben und darauf zu vertrauen, daß er durch ihn geheilt würde«. Als sich die Krankheit verschlimmerte, befolgte der Soldat den Rat seines Freundes, bekannte seine Sünden, wurde Christ, und bald darauf wurde er gesund!

Als seine Vorgesetzten herausfanden, daß er »Christ geworden war«, versuchten sie, »ihn auf verschiedenerlei Weise umzuerziehen.» Der junge Mann aber wollte seinen Glauben nicht aufgeben, denn er empfand tiefe Ehrfurcht vor dem Herrn nach seiner Heilung. Schließlich wurde er als unbelehrbar eingestuft und aus der Armee ausgestoßen. Er nahm es hin, daß dies für Zeit seines Lebens Auswirkungen auf seine Ausbildung und sein ferneres Berufsleben haben würde. Er bezeugte vielmehr, er sei »viel zu überwältigt gewesen, auf welche Weise der Herr ihn geheilt habe, um etwas anderes tun zu können«.

Heute dient er dem Herrn mit einem »Gefühl von Ehrfurcht und Scheu«. Das beschränkt sich nicht auf Gemeideversammlungen, es gehört zum alltäglichen Leben und reicht weit jenseits der Kirchenmauern.

Eine Frau in einer größeren Stadt hatte sich eine schwere Erkältung zugezogen. Sie kannte sich mit der Behandlung solcher Erkrankungen aus und war eben dabei, ein Medikament einzunehmen, als der Herr zu ihr sprach: »Nein, vertraue auf mich. Bete, und ich werde dich heilen... Vertraue einfach auf mich.«

»Aber Herr, ich habe begonnen das Medikament einzunehmen, und wenn man dieses Mittel nicht 48 Stunden hindurch einnimmt, dann bleibt es ohne Wirkung.« Sie schluckte dann den Rest des Medikaments. Innerhalb weniger Minuten war sie totkrank. Mit geschwollenen Augen und Lippen wurde sie ins Krankenhaus gebracht. Ein Ausschlag überzog ihr Gesicht. Sie keuchte nach Luft. Der Arzt erklärte ihr, er wolle ihr ein Mittel gegen die heftige Reaktion geben, die sie erlitten hatte.

Sie wurde nach Hause gebracht. Ihre Familie bestand darauf, daß sie das Mittel einnehme. Mit geschwollenen Lippen sagte sie: »Aber der Herr sagte zu mir, er wolle mich heilen. Ich bin ihm einmal ungehorsam gewesen, ein zweites Mal kann ich das nicht.« Die Angehörigen verließen den Raum, überzeugt, daß sie das Medikament einnehmen werde, sobald alle gegangen waren. Durch ihre geschwollenen Augenlider betrachtete sie die Kapseln auf dem Tischchen neben ihrem Bett. »Nein, ich kann nicht«, murmelte sie, nahm das Medikament, schob es in eine Schublade, schloß ab und warf den Schlüssel zur Seite. Dann legte sie sich auf ihr Bett nieder und fiel in Schlaf. Als sie erwachte, war die Schwellung um ihre Augen und Lippen zurückgegangen, und sie konnte wieder normal sehen. Der Ausschlag war verschwunden.

Sie berichtete diesen Vorfall in gedämpftem Ton, voll Ehrfurcht und Scheu. Sie ist Vertreterin einer Gruppe von Gläubigen, die nicht nur willens sind zu lernen und zu beten, sondern gleichzeitig den Herrn heilig achten und in Ehrfurcht und Scheu von ihm sprechen.

EINE KIRCHE DER WUNDER

»Es geschahen auch viele Wunder und Zeichen« (Apg. 2,43)[7]

Wenn man Teilnehmer der Hausgemeindeversammlungen in China fragt, ob sie Dinge erlebt haben, die man als »andersartig« einstufen könnte, fordert man eine spöttische Antwort heraus: »Ich weiß nicht, was Sie mit 'andersartig' meinen.«

»Nun, ich meine Dinge, die ein wenig seltsam sind ... Dinge, die sich nicht jeden Tag zutragen.«

»Sie meinen Wunder?«

»Ja ... ja, ich glaube, das ist es ... Wunder.«

»Sie meinen Heilungen?«

»Ja, gewiß Heilungen.«

Lassen Sie mich die Geschichte eines Mannes erzählen, den wir Mr. Huang nennen wollen, dann können Sie sich selbst ein Bild machen. Mr. Huang war Anhänger der Lehre Buddhas. Mit seiner Gesundheit begann es, bergab zu gehen, bis sein Magen schließlich keine Nahrung mehr bei sich behielt. Nach gründlicher Untersuchung stellte der Arzt die Diagnose: »Sie haben Leberkrebs im Endstadium. Wir können nichts mehr für Sie tun.«

Mr. Huang kehrte in eine Kleinstadt in der Nähe seines Geburtsortes zurück, um das Unabwendbare zu erwarten. Während seines Aufenthalts in der Stadt hörte er von einem dort ansässigen Arzt und beschloß, noch eine zweite Meinung einzuholen und hoffte zugleich, eine Arznei zu erhalten, die sein Leben verlängern könnte. Dieser Arzt war Christ und bestätigte die ursprüngliche Diagnose: Leberkrebs in unheilbarem Endstadium.

Der Arzt erklärte dem Mann, es gebe keine Medikamente, die sein Leben verlängern könnten. Wenn er aber an Jesus Christus glaube, könne er das ewige Leben haben. Eingehend bezeugte er dem Mann das Evangelium und drängte ihn, an den Herrn Jesus Christus zu glauben. Der Arzt erklärte ihm auch, Jesus sei der Herr und habe Macht, jede Krankheit zu heilen, wenn es sein Wille ist. Es ist aber unwichtig, ob Jesus ihn heilt oder nicht. Wichtig ist allein, daß wir das ewige Leben haben. Mr. Huang hatte das Verlangen, sein Leben Jesus zu übergeben. Der Arzt rief noch einen weiteren Mann zu sich, und die drei Männer knieten in seinem Sprechzimmer nieder, als Mr. Huang in Jesus Christus ein neuer Mensch wurde.

Nach seiner Heimkehr berichtete Mr. Huang seiner Frau, daß er zum Glauben an Jesus Christus gefunden habe, und ersuchte sie, alle Götzenbilder aus dem Haus zu entfernen und zu verbrennen. Seine Frau, die den hoffnungslosen Zustand ihres Mannes erkannte, tat wie ihr geheißen. Von dieser Zeit an verschlechterte sich Mr. Huangs Zustand immer mehr. Jeden Abend kniete er mit seiner Frau nieder und betete. Er dankte dem Herrn, daß er nun das ewige Leben habe, gleichgültig, was mit ihm körperlich geschah. Er wurde von schrecklichen Schmerzen heimgesucht. Seine Frau bereitete ihm etwas Hühnersuppe mit Kräutern, doch das machte die Dinge nur noch schlimmer. In den nächsten Wochen verfiel er so sehr, daß seine Familie bereits Vorbereitungen für seine Beerdigung traf. Der Sarg wurde gekauft und am Berghang ein Grab ausgehoben.

Dann erschien ihm im Schlaf ein Mann mit weißen Kleidern, der ein Messer in der Hand hielt. Mr. Huang wußte nicht, was der Mann in Weiß von ihm wollte und kämpfte mit ihm, doch der Mann behielt die Übermacht und berührte ihn mit dem Messer. Am nächsten Morgen erwachte Mr. Huang und war zum erstenmal seit langer Zeit wieder hungrig. Nachdem er eine kräftige Schale Eierflockensuppe zu sich genommen hatte, fiel er in Schlaf. Beim Erwachen sah er deutlich zwei Männer in weißen Kleidern neben seinem Bett stehen, die ihm sagten, er sei geheilt. Er befühlte seinen Leib und merkte, daß die ganze Schwellung verschwunden war. Er empfand Heißhunger und aß ein herzhaftes Mahl. Als sein Bruder kam, um ihm einen letzten Besuch abzustatten, war er sehr erstaunt, den Kranken wohlauf und bei Kräften vorzufinden. Mr. Huang erklärte seinem Bruder, daß Jesus in der Nacht gekommen sei und ihn vollständig geheilt habe.

Als Antwort auf Ihre Reaktion auf dieses Geschehen kann ich Ihnen sagen: »Ja, das kann durch mehrere Mitarbeiter und einen christlichen Arzt bezeugt werden, der auch Zeuge war bei mehreren anderen Patienten, die durch göttliche Kraft geheilt wurden.«

In der chinesischen Hausgemeinde geschehen vielfältig Wunder. Alle dienen jedoch dem Ruhme Gottes und bringen den Bekümmerten und Gläubigen Segnung und Trost.

Eine Großmutter nahm ihren jungen Enkel, der ihrer Pflege anvertraut war, mit sich zur Arbeit auf ein Reisfeld. Dort ereignete sich ein Unfall und er wurde getötet. Die Großmutter war so verstört, daß sie ihn begrub, so gut sie konnte, um so den Leichnam zu schützen. Dann ging sie heim, um den Eltern zu sagen, was vorgefallen war. Die Familie war im Hause versammelt, niedergebeugt vom Kummer über diesen schrecklichen Verlust, als plötzlich die Türe aufging und der Sohn eintrat. Seine Erklärung war einfach. »Ein Mann in einem weißen Kleid kam und nahm mich bei der Hand, hob mich von der Erde hoch und sagte zu mir: »Geh heim, deine Mutter und dein Vater brauchen dich.«

Ein anderer Vorfall betraf ein altes Ehepaar, das sehr aneinander hing. Obwohl sie schon seit längerem Christen waren, hatten sie keine wirkliche Gewißheit über das, was nach dem Tode geschehen würde. Generationenlange Ahnenverehrung ließ sich nicht so ohne weiteres verdrängen. Plötzlich starb der Mann. Die Frau war vor Kummer ganz verstört, denn sie wußte nicht, ob ihr geliebter Mann wirklich im Himmel sei oder an einem Ort der Strafe. Sie fragte sich, ob sie ihn je wiedersehen werde.

Am Abend kamen zwei Angehörige, um den sterblichen Überresten des alten Schusters die letzte Ehre zu erweisen. Als der Tote dann hinausgetragen wurde, wandte er sich plötzlich den beiden Angehörigen mit den Worten zu: »Sagt meiner Frau, daß ich bei Jesus bin und auf sie warte.«

Dadurch wurde nicht nur die Frau in ihrem Kummer getröstet, sondern die beiden Männer bekehrten sich unter dem Eindruck dieses Erlebnisses.

Manche Wunder haben durchaus praktische Auswirkungen!

Ein Mann wurde wegen seiner religiösen Einstellung ins Gefängnis geworfen. Er hatte vier Kinder im Alter von 4, 8, 10 und 12 Jahren. Seine Frau mußte mit einer Narrenkappe die Straßen auf- und abgehen. Die Kinder erfuhren schlechte Behandlung, weil ihr Vater ein »übles Element« sei. Die Familie stand zudem vor dem Problem, weder einen Lebensunterhalt noch Nahrungsmittel zu haben. Hinter ihrem kleinen Haus befand sich ein kleiner Teich. Nie hatte irgend jemand hier gefischt. Die Kinder fertigten zum erstenmal ein Netz an und fingen genug Fische, um die Familie zu ernähren. Der Vorrat mehrte sich, und im Laufe der Zeit fingen sie genügend Fische, um über ihre eigenen Bedürfnisse hinaus noch einen Teil für andere lebensnotwendige Artikel einhandeln zu können. Dreizehn Jahre später kehrte der Vater aus der Haft nach Hause zurück. Von diesem Tag an befand sich kein Fisch mehr in dem kleinen Gewässer — sie wurden nicht länger gebraucht.

Es gibt auch jene Wunder, die nicht nur praktische Zwecke erfüllen, sondern als machtvolles Zeugnis der Kraft Gottes gegenüber Ungläubigen dienen.

Eine siebzigjährige Frau, die in einem Haushalt lebte, war die einzige, die nicht nur genaue Kenntnis von den alltäglichen Tätigkeiten ihrer Familie, sondern auch von den Tätigkeiten einer Hausgemeinde besaß. Sie allein wußte, wo sich die Bibeln befanden, wer die Boten waren, wem man vertrauen konnte und wem nicht. Da starb sie plötzlich an einem Herzanfall.

Die Familie war verzweifelt. Die alte Frau war nicht mehr in der Lage gewesen, ihr Wissen, das für alle so lebenswichtig war, weiterzugeben. So fing man an zu beten: »Herr, bitte ruf unsere Mutter wieder ins Leben zurück.« Nachdem sie zwei Tage tot im Hause gelegen hatte, kehrte sie ins Leben zurück. Sie schalt ihre Familie, warum man sie zurückgerufen habe, und sie erklärten ihr die Notlage und ihr Gebet; Gott möge die Mutter erst nach zwei Tagen zu sich heimholen. So lange würde es dauern, bis alle Dinge geordnet seien.

Nach den zwei Tagen fanden sich die Familie und die Freunde zusammen, um Choräle zu singen und den Herrn darum zu bitten, sie nun endgültig zu sich zu nehmen. Die letzten Worte der Mutter waren: »Sie kommen. Zwei Engel kommen.«

Dieses Ereignis bewirkte, daß das ganze Dorf Buße tat.

Wunder spielen auch eine bedeutende Rolle in Lehre und Predigt.

»Einmal ging ich in einen bestimmten Bezirk. Es gibt dort ein Dorf, wo wir uns versammeln. Als Versammlungsstätte dient das Haus einer Schwester. Jeden Sonntag kommen die Christen in dieses Haus. Alle knien sich nieder und beten. Nach dem Gebet gehen sie wieder nach Hause. Warum das so ist? Nun, sie hatten weder einen Prediger noch Bibeln oder Gesangbücher, und die Schwester selbst hatte nicht viel Schulbildung. Sie konnten also nichts anderes tun als beten.

Schließlich betete die Schwester zu Gott: »Herr, so ist es nicht richtig. Du mußt uns einen Diener Gottes schicken, und wenn du uns keinen schickst, dann werde ich am nächsten Sonntag die Türe versperren und niemanden hereinlassen. Wir werden aufhören! Ich bin ungebildet, was erwartest du von mir, und wie soll ich das machen? Wir haben niemand, der einen Lobgesang anstimmen kann. Du mußt uns einen Diener schicken.« Doch der Herr antwortete nicht auf ihr Gebet.

Am nächsten Sonntag zur Zeit des Gottesdienstes wurde sie vom Heiligen Geist erfüllt. Sie stand auf und predigte den Brüdern und Schwestern in mandarinisch (Sprache der Gebildeten in China, Anm. d. Üb.). Als sie zu predigen begann, sagte eine neben ihr sitzende Schwester: »Sprich doch nicht mandarinisch, sprich in unserem Dialekt. Was soll das denn, daß du mandarinisch predigst?«

Doch sie entgegnete: »Unmöglich! In mir brennt ein Feuer, ich kann meine Zunge nicht kontrollieren. Ich muß so sprechen.« Sie hielt eine bewegende Predigt, und die Brüder und Schwestern waren tief ergriffen. Auch ein Loblied sang sie sehr gut. Nachdem der Gottesdienst zu Ende war, zeigten sich alle überrascht von dem, was sich da ereignet hatte, und fragten sich, wie dies zustandegekommen sein mochte. Sie wollten von ihrer Mitschwester wissen, warum sie nicht in ihrem Dialekt zu ihnen gesprochen habe.

Sie entgegnete: »Das ist unmöglich, darüber kann ich ...«, und ehe sie den Satz zu Ende gesprochen hatte, verfiel sie wieder in ihren lokalen Dialekt.

In der folgenden Woche geschah das gleiche. Erfüllt vom Heiligen Geist, hielt sie eine Predigt und sang einen schönen Choral. Als sich dies mehrmals wiederholt hatte, empfanden einige Brüder und Schwestern ein ungutes Gefühl und fragten sich, ob dies wirklich das Werk des Heiligen Geistes sei.

So zogen sie einen alten Glaubensbruder zu Rate, der blind, aber geistig noch sehr rege war. Sie berichteten ihm von der Situation in der Gemeinde und baten ihn, sich das einmal anzuhören und festzustellen, ob ihre Predigt richtig oder falsch sei, ob sie wirklich die biblische Wahrheit ausdrückte und den Choral so vortrug, wie es sein sollte. Der Blinde verabredete mit einem anderen älteren Bruder, gemeinsam den Gottesdienst zu besuchen.

Die Schwester predigte wie immer und stimmte mit ihnen einen Choral an. Nach dem Gottesdienst scharten sich die Gemeindemitglieder um den Blinden und fragten: »Bruder, sag uns, ob sie richtig predigt?«

Der Blinde antwortete: »Völlig richtig. Das war von Anfang bis Ende biblische Wahrheit. Während sie predigte, sagte sie euch nicht die Kapitel und Verse an, aber sie rezitierte die Schriftstellen Wort für Wort aus dem Gedächtnis. Mit ihrem Choral verhielt es sich genau so.«

»War auch der Choral in Ordnung?«

Der alte Mann sagte: »Jawohl«, und nannte ihnen die Gesangbuchnummer, damit sie nachsehen konnten. Sie suchten nach einem Gesangbuch und stellten fest, daß ihre Schwester Wort für Wort richtig gesungen hatte.

Viele kamen aus der ganzen Gegend zu ihren Gottesdiensten, füllten das ganze Haus, und manche standen draußen vor den Fenstern und der Tür. So predigte sie vollmächtig über den Herrn Jesus Christus, und alle freuten sich, ihr zuzuhören.

Leider versäumte ich es, nach ihrem Namen zu fragen. Als ich dort gepredigt hatte, stand sie auf und betete auf mandarinisch, lobte den Herrn mit den Worten: »Dem Herrn sein Lob und Dank.« Ich fand das eigentümlich und fragte mich, warum sie nur diesen einen Satz sprach. Wenn draußen auf dem Land Menschen beteten, sprachen sie über die Dinge, die ihnen am Herzen lagen. Warum gebrauchte sie nur diese Dankesworte?

Später erkundigte ich mich danach, und man sagte mir, das sei jene Schwester. Ich dankte dem Herrn, daß er diese schlichte, ungebildete Bauersfrau in dieser Weise gebrauchte. Warum? Weil ihr Herz unablässig bat, weil sie bereit war, für den Herrn zu arbeiten, und weil sie von Liebe zu Gott erfüllt war. Sie fühlte nicht nur das brennende Verlangen, das Werk des Herrn auszuführen, sondern war wie ein Feuer für die Brüder und Schwestern, die zu den Versammlungen kamen. So wurde sie Gottes Werkzeug, in dem er seine große Macht und seine Liebe erwies. Viele wurden auf diese Weise zu Gott hingezogen. Sooft ich dort hinkam, konnte ich das Werk sehen, das Gott dort an Menschen vollbrachte.«

» ... und die bösen Geister wurden ausgetrieben.«

»Als ich in ..... war, lebte dort ein alter Mann, ein Glaubensbruder, der den Herrn zutiefst liebte und viel für ihn gelitten hatte. So schenkte ihm Gott die besondere Gnade, daß er nicht nur vom Heiligen Geist bewegt wurde und die göttliche Wahrheit predigen konnte, sondern auch die Gabe des Heilens und der Vertreibung böser Geister besaß.

Eines Tages wurde er gebeten, zu einem Ort zu kommen, wo ein Besessener lebte, dem sich wegen seiner großen Kräfte niemand nähern konnte. Als der Bruder eintraf, sprach er zu dem Besessenen: 'Im Namen Jesu Christi ist dir verboten, dich zu bewegen.' Der Mann rührte sich nicht.

Der Glaubensbruder sprach weiter: 'Im Namen Jesu Christi sind deine Hände gebunden.' Der Besessene hob seine Hände, die gekreuzt waren, als seien sie mit einem Strick zusammengebunden, und er konnte sie nicht auseinanderbringen. Der Bruder sagte noch mehrere Sätze zu dem Besessenen und sprach schließlich: 'Im Namen Jesu Christi befehle ich, diesen Mann zu verlassen!' Der Mann wurde geheilt und erlangte wieder die Kontrolle über sich selbst. Dieser Vorfall hatte nachhaltige Auswirkungen auf die Menschen seiner Umgebung. Sie hörten den alten Mann gerne predigen, und alle nannte ihn 'Onkel'.

Aus den langen Erfahrungen des Glaubensbruders erkennt man

die große Kraft Gottes in seinem Leben. Man sieht auch, daß Gott seinen Dienern seine Gnade zuteil werden läßt und sie als Werkzeug einsetzt, mit dem er seine Liebe und Macht beweist. So geschieht es überall, und man erkennt, wie Gott Menschen beruft und errettet, wie er es gesagt hat: ' Ich bin gekommen, das Verlorene zu suchen und zu erretten.' Er selbst hat die Verlorenen gesucht und errettet. Auf dieser Reise wollte ich die Menschen, die Gott selbst ausgesucht und gesammelt hat, zusammenführen. Doch ich brauchte mich dabei nicht abzuplagen, es war alles Gottes Werk.«

»Gibt es wirklich Wunder und Zeichen in der Hausgemeinde Chinas?«[8]

Als der Heilige Geist unter jener ersten Hausgemeinde in einem Obergemach in Jerusalem wirkte, kamen Menschen von weither, um mitzuerleben, was dort geschah. Kein Christ mußte ein Bett mieten, in dem er schlafen konnte, oder sein Essen kaufen. Er ging einfach in das Haus eines Christen. Was die Christen hatten, gehörte dem Herrn, und so wurden alle damit versorgt.

Das bedeutet auch für die heutige Zeit, daß man mit dem, der etwas braucht, teilt, um den Leib Christi, nämlich seine Gemeinde, zu bauen. Das hat nichts mit »Kommunen« zu tun, wie wir sie heute in China kennen. Maos Konzept des Teilens — du produzierst, und ich verzehre — ist ebenso kläglich gescheitert wie alle seine »großartigen« Experimente, mit denen er das chinesische Volk belastete.

Die Hausgemeinde Chinas reicht weit jenseits der jüngsten Geschichte chinesischer Kommunen zurück zur Hausgemeinde des Neuen Testamentes, wie es dieses Zeugnis so beglückend dokumentiert.

»Ich danke Gott, daß wir in unserer Armut die überreiche Liebe Gottes erfahren durften.

Ich lebe in Südostchina und war ursprünglich Buddhist. Ich erkrankte jedoch schwer, und die Schatten des Todes lasteten auf meiner Seele. Noch immer krank und in abgerissener Kleidung besuchte ich eine chinesische Frau. Sie nahm keinerlei Anstoß an meiner armseligen Erscheinung, sondern besuchte mich später selbst und zeigte sich sehr besorgt um mich. Viele andere christliche Glaubensschwestern besuchten mich ebenfalls und sprachen mit mir über das Evangelium.

So erwies mir Gott seine Liebe durch die Liebe dieser Mitchristen und führte mich zur Errettung durch das kostbare Blut Christi.

Eines Abends brachte Schwester Ho ihre fünf Kinder mit zu einer Hausversammlung. Als wir zu Ende waren, bemerkten wir erst, daß sie noch nichts gegessen hatte. Ein Bruder brachte ihr eine Schale Reis. Zu Tränen gerührt rief sie: 'Herr, du hast meine Seele errettet, und nun schenkst du mir auch noch Nahrung! Wie groß ist deine Liebe.'

Am nächsten Morgen besuchten wir sie zu Hause. Als sie uns sah, war sie bestürzt, und ihre Kinder fingen an zu weinen. Wir wußten nicht, daß sie keine Lebensmittel, ja nicht einmal eine Baumwolldecke hatte, um uns zu bewirten.

Zuerst zündeten wir das Feuer an. Dann schickten wir einen Bruder aus, um etwas Getreide zu besorgen. Er ging einige Meilen weit und borgte fünf Pfund Reis von einem Mitbruder. Wir priesen Gott, daß er rechtzeitig für Nahrung gesorgt hatte. Nach dem Essen hielten wir in einem anderen Haus eine Versammlung ab.

An jenem Abend kamen wir zu einem gemeinsamen Entschluß. Der Herr liebt uns so sehr, wie können wir ihm seine Liebe vergelten? Nahmen wir wirklich Anteil an den physischen Leiden unserer Mitbrüder? Sorgten wir uns um ihre Bedürfnisse? Zum Abschluß beteten wir: 'Herr, du hast uns lieb. Hilf uns, daß wir dir alles geben!'

Sonntag kam — der Tag des Herrn. Was konnten wir ihm opfern? Manche brachten Reis und Gemüse, andere brachten Geld. Ein junger Mann, der erst kürzlich erlöst worden war, gab acht Renminbi (das entsprach einem Drittel seines Monatslohnes). Er verkaufte seine wollene Jacke an eine ältere Mitschwester und legte den Erlös zum Opfer.

Die ältere Frau kam zur Versammlung mit ihrem Sohn, der die von ihr erworbene Jacke trug. Da es bitterkalt war, drängten sich alle um den Ofen. Doch der junge Mann, der die Jacke verkauft hatte, konnte in seinem dünnen Hemd nicht warm werden und begann vor Kälte zu zittern. Da rührte der Heilige Geist das Herz der Frau, und sie sagte zu ihrem Sohn: 'Nimm die Jacke, die ich dir gestern gebracht habe, und gibt sie diesem Bruder!' Er kam ihrer Aufforderung sofort nach. Sie reichte die Jacke dem Ältesten, der sie an den jungen Mann übergab.

Er stand auf und konnte vor Tränen nicht sprechen. Die anderen Teilnehmer, die nicht verstanden, was vorging, sagten ihm, er solle sofort die Jacke anziehen. Da erklärte er ihnen: 'Wißt ihr denn nicht, daß die Jacke ursprünglich mir gehört hat? Erst gestern habe ich sie dieser Schwester verkauft.' In diesem Augenblick sprang die Frau auf und rief: 'O Herr, vergib mir! Ich war in der Lage, die Jacke zu kaufen, aber ich hätte dir das Geld geben sollen!'

Von diesem Tag an empfanden die Glaubensbrüder noch mehr Liebe zu Gott und zueinander und betrachteten die Nöte der anderen wie ihre eigenen. Doch das ist nicht durch unsere eigene Kraft und Leistung geschehen, sondern der Heilige Geist hat das in unseren Herzen bewirkt«.

EINE GEMEINDE DES LOBES

»Sie lobten Gott ...« (Apg. 2,47).«

Hier das Zeugnis einer Gemeindeversammlung:

»Welch ein herrlicher, liebender, allmächtiger Gott! Der Name Jahwes sei gepriesen. Seine Treue reicht über viele Generationen. Ich sehe mit eigenen Augen, daß seine Liebe immer dauert. Wie eine Mutter ihr Kind nicht vergißt, das Milch braucht, um soviel mehr wird unser himmlischer Vater uns nicht vergessen. Ich kenne den Herrn schon von Kind auf, aber ich hatte leider nur selten Gelegenheit, das Wort Gottes zu lesen. Ich war wie blind und konnte die Wahrheit des Lebens nicht verstehen. Ich kniete vor Gott nieder und betete täglich zu ihm.

Er ist wahrlich ein Gott, der Gebete erhört, denn was bei den Menschen unmöglich ist, das ist möglich bei Gott. Während ich noch nach dem Wort hungerte und dürstete, versorgte uns Gott im vergangenen Jahr (1981) durch seine liebenden Kinder mit einer Bibel. Wir sollen von Herzen danken für die Gnade Gottes. Halleluja! Lobet den Herrn! Von jenem Tag an las ich jeden Tag in der Bibel und werde durch die Wahrheit der Bibel erleuchtet. Der Gnade Gottes sei unablässig Dank! Durch die Lehren der Bibel und durch ernsthaftes Gebet erfahren viele junge Brüder und Schwestern, daß sie durch die Bibel das ewige Leben erlangen können.

Der Herr sei gelobt! Es gibt einen Bruder, der ins Gefängnis geworfen wurde. Er weigerte sich, nicht mehr zum Lob Gottes die Hände zu erheben. Da haben sie ihm Ketten und Handschellen mit Fußfesseln angelegt, bis die Knochen an seinen Füßen bloß lagen. Aber immer noch hielt er den Namen des Herrn hoch. Heimlich fragte er einen älteren Mitbruder, der mit ihm im Kerker war: 'Wenn die Wache wechselt, willst du mich dann taufen?' Das geschah, während die Wachen und alle andereren schliefen.«

Solche Vorgänge sind keine selbstverständliche Reaktion auf das Leben im Gefängnis. Aber es gibt Menschen, die den Herrn loben, während sie im Gefängnis sind.

Ein Karren mit Gefangenen wurde zum Gefängnis gefahren. Die Leute auf der Straße konnten die Häftlinge nicht erkennen und hielten sie für entsetzliche Verbrecher, die wie Tiere weggeschleppt wurden. Die Behörden wollten nicht, daß wir sie sehen. 'Sind sie wirklich so verworfen?' fragten wir. Dann fanden wir die Wahrheit heraus. Es waren Christen auf dem Weg zum Gefängnis. Sie waren alle in Handschellen aneinander gefesselt, und dennoch waren sie froh. Auf ihren Gesichtern zeigte sich keine Bitternis, kein Zorn. Im Vorbeifahren konnten wir sie singen hören: 'Herr, du bist des Lobes würdig. Preiset den Herrn.'«

EINE ANERKANNTE GEMEINDE

» ... und waren beim ganzen Volk beliebt« (Apg. 2,47).

Ein Umstand, der bei der etablierten religiösen Bürokratie einst große Verwirrung auslöste, war die Achtung, die die Gemeinde empfing. Das gleiche trifft auch im heutigen China zu.

Den Schlüssel für die Abhaltung von Versammlungen der Hausgemeinde bilden die Kader. Ohne Genehmigung eines Kadermitglieds gäbe es keine Versammlungen. Warum erlauben sie den Christen, sich zu versammeln?

Ein Kadermitglied beantwortet uns dies: Auf die Frage seiner Vorgesetzten, warum er Christen ihre religiösen Veranstaltungen abhalten lasse, gab er ihnen zur Antwort: »Es sind ordentliche Menschen. Sehr moralische und hart arbeitende Leute. Wir haben niemals Probleme mit ihnen.«[9]

Das Geheimnis mag in der Feststellung »sehr hart arbeitende Leute« liegen.

Der Aufstieg eines Kadermitglieds innerhalb der Stufenleiter der Partei oder auch nur die Beibehaltung seiner jetzigen Arbeit hängt meist von der Einhaltung von Produktionszielen ab. Was für den örtlichen Leiter gilt, das gilt auch weiter oben für seinen Vorgesetzten. Die Christen als »gute, harte Arbeiter« tragen zum Erfolg der Kader bei, eine Kette von Vorgängen, die sie nicht zerbrechen wollen.

Aber es gibt auch noch andere Gründe, wie aus diesem Bericht hervorgeht:

»Im August ließ sich der Parteisekretär einer Brigade, ein hochrangiger Kaderführer, über Christen berichten und veranlaßte den Abbruch ihrer Versammlungen. Da geschah etwas Außergewöhnliches. Als er einen Ofen, in dem Ziegel gebrannt wurden, untersuchte, fiel dieser plötzlich zusammen. Der Mann wurde unter einem riesigen Haufen Ziegel und Schutt begraben. Sofort lief eine Menschenmenge zusammen und schaute neugierig zu, doch die anwesenden Christen begannen mit Tränen in den Augen für ihn zu beten. Als er schließlich aus den Trümmern gerettet wurde, wandte er sich an die Umstehenden: 'Ihr habt einfach zugeschaut und eure Freude an meiner Not gehabt, die Christen aber haben mit Tränen des Mitgefühls für mich gebetet. Gott hat mich gerettet. Von nun an könnt ihr die Gemeinde in mein Haus verlegen.'«

EINE GEMEINDE DER ZEUGEN

»Sie zogen umher und predigten das Wort« (Apg. 8,4)

Von jenem Obergemach aus verbreiteten die ersten Jünger das Feuer des Evangeliums von Jesus Christus in alle Welt. Die Parallele zur Gemeinde Chinas ist erstaunlich. In China scheint es ebensoviele Wege für das Zeugnis des Evangeliums zu geben wie Gläubige.

Eine ältere, in einer Großstadt lebende Frau erhält aus dem Ausland Traktate zugeschickt. Mehrmals in der Woche nimmt sie diese Traktate und eine Brille, die ihr das Aussehen von Weitsichtigkeit verleiht. Dann besteigt sie einen Bus, setzt die Brille auf und hält die Traktate auf Armeslänge von sich. Wie das in China so üblich ist, fangen andere an mitzulesen. Wenn sie merkt, daß jemand besonderes Interesse zeigt und das Traktat ohne größere Probleme in Empfang nehmen kann, sagte sie einfach: »Verstehen Sie, was Sie da lesen?« Ehe der andere antworten kann, schiebt sie ihm einfach das Traktat in die Hand, steigt aus und wartet, bis der nächste Bus kommt.

Das folgende Zeugnis ist besonders charakteristisch für die Vorgänge in dem am stärksten bevölkerten Land der Welt. Es zeigt auch, wie das Zeugnis des Evangeliums bis in das alltägliche Leben hineinreicht.

Die Frau und einige Christen, die sich schon vor 1948 mit ihr getroffen hatten, waren Mitglieder einer bestehenden Konfession. Ihre erste Hausgemeinde »im Obergeschoß« wurde Anfang 1950 abgehalten und dauerte fort bis zur Kulturrevolution im Jahre 1966. Gegen Ende 1968 verbreiteten sich die Hausgemeinden in erstaunlicher Weise unter Nichtchristen. Die Christen, die unverbrüchlich ihrem Glauben treu geblieben waren, hatten in den zwanzig Jahren der Verfolgung Mut, Entschlossenheit, Glauben und Hoffnung entfaltet, um die Ausbreitung des Evangeliums weiter zu betreiben. Alle aber, die nur dem Namen nach der Konfession angehört hatten, waren wieder in den Kommunismus oder Materialismus zurückgespült worden.

Die Hausgemeinde ist meistens interkonfessionell und in ihrem Gottesdienst weit weniger westlich ausgerichtet als die von der Regierung genehmigten offiziellen Kirchen der Dreifachen Selbstbestimmung.

»Meine Heimat liegt tief in den Bergen von Guangdong, wo die Besiedlung dünn und das Leben einfach ist.

Wir haben hier recht häufig Markttage, und alle Bauern lassen ihre Arbeit liegen und nehmen ihre Überschußprodukte mit in die Stadt zum Markt. Sie verkaufen Reis, Erdnüsse, Gemüse, Obst, Schweine, Hühner, Gänse etc. und kaufen dafür Haushaltswaren. Sie nutzen die Gelegenheit aber auch zum Austausch von Neuigkeiten und zur Unterhaltung. Die Christen aber nutzen die Gelegenheit, Versammlungen abzuhalten.

Seit der Kulturrevolution waren alle Bibeln verbrannt, die Kirchen geschlossen und die Christen der Verfolgung ausgesetzt. Doch sie lernten, gegen den Teufel zu kämpfen und sich im Vertrauen auf den Herrn zu üben. Sie trafen sich gewöhnlich bei Mutter Zhang und nutzen jede Gelegenheit, in dem Herrn und im Glauben zu wachsen, durch die Dunkelheit hindurch die Morgenröte zu erblicken.

Ich kann mich an Mutter Zhang noch aus meiner Kindheit erinnern. Sie muß schon damals um die sechzig gewesen sein. 1948 wurde sie Christ und besorgte die Hausarbeit bei einem ausländischen Missionar. Nach 1949 wurde sie, da sie aus den niedergestellten Klassen kam, bevorzugt behandelt und zur Arbeit in einen Kinderhort geschickt. Sie blieb dem Herrn treu und genoß hohe Achtung.

Sie besuchte alle Christen, die gerne mit ihr zusammen waren, weil sie ein liebevoller Mensch war und von ganzem Herzen dem Herrn treu. Wenn jemand in Not war, kam sie sofort, tröstete und betete mit den Betroffenen. Als sich die Wolken der Verfolgung zusammenzogen und die Gemeinden in der Stadt unter Beschuß gerieten, bereitete sie sich in aller Stille auf ein Martyrium vor. Doch der Herr führte sie auf wunderbare Weise aufs Land, als die Behörden wegen drohender Kriegsgefahr die Bevölkerung aufriefen, sich zu verteilen. Vor ihrem Weggang sprach sie den Mitbrüdern Mut zu mit den Worten von Römer 8: ‘Wer will uns scheiden von der Liebe Gottes? Trübsal oder Angst oder Verfolgung ...?’ Sie sagte ihnen: ‘Denkt daran, wir sind mehr als Überwinder durch den, der uns liebt.’ Alle weinten, als sie fortging.

Das Leben in dem Bergdorf war hart und einsam. Sie betete ohne Unterlaß und hielt enge Gemeinschaft mit dem Herrn und sehnte sich nach Mitchristen. Eines Tages, als sie sich bei einem Nachbarn Holz zum Heizen auslieh, hörte sie zufällig, wie eine Frau zu ihrem achtjährigen Sohn sagte: ‘Wer hat dir gesagt, daß es außer der ‘Klassenliebe’ keine andere Liebe gibt?’

‘Mein Lehrer sagt das.’

‘Nein! Hör mal, mein Sohn. Es gibt verschiedene Arten der Liebe. Deine Eltern lieben dich, deine Schwester liebt dich, und es gibt ein Buch, in dem es heißt, daß Gott die Menschen noch mehr liebt.’

Mutter Zhang fragte sie leise: ‘Haben sie ein Exemplar dieses Buches (der Bibel)?’

‘Möchten sie es denn lesen?’ antwortete die Nachbarin.

‘Ich besitze es sogar selbst’, rief Mutter Zhang glücklich.

Von da an verwob Gott auf wunderbare Weise das Leben der

beiden Frauen. Durch diese Nachbarin lernte Mutter Zhang noch drei Brüder und zwei Schwestern kennen. Sie hatten seit drei Jahren keine Versammlung mehr abgehalten, doch nun fingen sie an, im Gebet Rat zu suchen, was sie tun sollten.

Nachdem sie eine Zeitlang gebetet hatten, beschlossen sie, sich in Mutter Zhangs Haus zu treffen. Doch sie machten sich Gedanken darüber, wie sie es vermeiden konnten, allzuviel Aufmerksamkeit auf sich zu ziehen, die vielleicht Verfolgung mit sich bringen konnten.

Gott wies ihnen den Weg, sich an den Markttagen zu versammeln, wo viele Leute in der Stadt waren, daß die kommunistischen Kader alle Hände voll zu tun hatten und sich nicht um die kleine Gruppe kümmern konnten.

Mutter Zhang entschloß sich, im Erdgeschoß eine Essensbude für die Bauern einzurichten, die den Markt besuchten, denn es gab nicht genügend Gaststätten in der Stadt. Kaum hatte sie die Bude in Betrieb, als sich die Besucher auch schon bei ihr drängten, so daß sie statt der ursprünglichen drei Tische sieben aufstellen mußte.

Menschen aller Art kamen zu ihr, und sie nutzte die Gelegenheit, mit ihnen über das Evangelium zu sprechen. Die Christen aber konnten sich während dieser Zeit im oberen Stock versammeln, denn dort waren sie wegen des Stimmengewirrs unten in Sicherheit.

Zum erstenmal besuchte ich ihre Versammlung im Jahre 1973. Noch acht weitere Christen nahmen daran teil. Auf einem Tisch standen als Vorbereitung für das Abendmahl Brot und neun Teetassen bereit. Nachdem eine Mitschwester gebetet hatte, predigte Mutter Zhang über das Thema 'Das Gebetsleben des Christen'. Obwohl sie keine eingehende theologische Ausbildung hatte, gelang es ihr, aus ihrer gegenwärtigen Erfahrung die Bedeutung des Gebets hervorzuheben und die getreulichen Verheißungen des Herrn zu bezeugen. 'Das Gebet', so erklärte sie, 'ist wie eine Rundfunkantenne: es kann unsere Anliegen zu Gott übertragen und seine Antworten empfangen.'

'Mutter, wir haben kein Salz mehr!', ließ sich plötzlich die Stimme ihrer Tochter von unten vernehmen; das war ihre geheime Warnung. Mutter Zhang verließ den Raum und kehrte nach langem, lastendem Schweigen mit ihrer Tochter zurück. Gott sei Dank ein falscher Alarm! Still summte jeder einen Choral, und Mutter Zhang reichte das Abendmahl.

Ich erläuterte ihnen dann, wie sie im Radio Evangeliumssendungen hören könnten. Unter Tränen dankten sie dem Herrn. Zum Schluß nannte Mutter Zhang die Namen von Leuten, mit denen sie über das Evangelium gesprochen hatte, und berichtete Neuigkeiten von Christen in anderen Orten. Der ganze Gottesdienst dauerte fünfzig Minuten.

Später erhielt ich einen Brief der Tochter, die mir mitteilte, daß die Gemeinde rasch auf 24 angewachsen sei. Sie konnten sich nicht gemeinsam treffen und hatten sich deshalb in zwei Gruppen geteilt. Die neue Versammlung fand in einem abgelegenen Bergdorf statt, das sechs Haushalte zählte und erst vor kurzem eine eigene Produktionsbrigade gebildet hatte. Der 40jährige Brigadechef war gerade erst Christ geworden. Durch ihn kamen weitere vier Menschen zum Glauben und drei junge Intellektuelle, die 'aufs Land geschickt worden waren'[10], interessierten sich für das Evangelium.«[11]

DIE HEIMLICHE GEMEINDE

» ... der ein Jünger Jesu war, doch nur heimlich« (Joh. 19,38).

Berichte deuten darauf hin, daß es außer der Hausgemeinde auch noch viele heimliche Gläubige gibt. Wie viele es sind, kann nicht geschätzt werden. Das sind die Christen, die sich im geheimen in ihren Häusern treffen, falls sie das überhaupt tun. Sie treffen sich nicht zu bestimmten Zeiten und mit nur wenigen Familienangehörigen oder sehr engen Freunden zu Gemeinschaft und Gebet. Es gibt verschiedene Gruppen, die in dieser Weise zusammenkommen.

Das sind zum einen die Gläubigen, die gezwungen wurden, nicht mehr an Versammlungen der Hausgemeinde teilzunehmen, die keine Hausgemeinde in der Nähe haben und die nicht bereit sind, sich den Gemeinden der Patriotischen Bewegung der Dreifachen Selbstbestimmung anzuschließen. Sie ziehen es vor, eine kleine geheime Gemeinschaft zu bleiben, die der Kontrolle durch die Amtskirche entzogen ist.

Bei der zweiten Gruppe handelt es sich um ältere Christen, vor allem in den Städten, die Verfolgung erleiden mußten und nun glauben, wegen ihrer Vergangenheit sei es unklug, öffentliche Gemeindeversammlungen zu besuchen. Sie befürchten, sie könnten unliebsame Aufmerksamkeit auf sich selbst und die von ihnen besuchten privaten Versammlungen ziehen.

Ein dritter Personenkreis umfaßt dem Vernehmen nach Intellektuelle, die eine Lehrtätigkeit ausüben oder in Krankenhäusern und Forschungszentren beschäftigt sind. Sie befürchten, diskriminiert zu werden oder ihren Posten zu verlieren, wenn sie mit Christen in Gemeindeversammlungen in Verbindung gebracht werden. Manche meinen, sie könnten in ihrer beruflichen Stellung mehr Wirksamkeit entfalten und in der Stille unter ihren Kollegen Zeugnis ablegen. Viele sind unter Freunden als Christen bekannt. Ein christlicher Gelehrter sagte mir einmal: »Ich kenne alles, was der Herr Jesus gesagt hat, wie wir ihn vor den Menschen bekennen sollen. Aber um meiner Familie willen kann ich im Augenblick meinen Glauben nicht offen unter meinen Lehrerkollegen bezeugen.« Gleichzeitig hielt er aber in seinem Haus Gemeinschaften mit Freunden.

DIE WACHSENDE GEMEINDE

»Der Herr aber ließ täglich zur Gemeinde Menschen hinzukommen, die gerettet wurden« (Apg. 2,47).

Nirgendwo existieren genaue statistische Angaben über die tatsächliche Zahl der Christen in China.

Die Statistik in den Mittelpunkt zu stellen, könnte einen falschen Schwerpunkt ergeben, wie es ein Angehöriger einer Hausgemeinde in seiner Antwort auf die Frage nach der Größe der Hausgemeinde in China zum Ausdruck brachte. Ohne Umschweife erwiderte er: »Sie ist so groß wie dieser Raum. Darüber hinaus weiß ich es nicht sicher, aber spielt das eine Rolle? ... Die Statistik ist unwichtig. Worauf es ankommt, ist die Qualität der Christen.«

Für diejenigen, die mit Statistiken arbeiten müssen und daran interessiert sind, möchte ich doch einige interessante Angaben machen. Im Jahre 1949, als die Kommunisten die Macht übernahmen, gab es in China ungefähr 700000 protestantische Christen. In hochrangigen parteiinternen Unterlagen über Religion wurde vor kurzem zugegeben, daß die protestantische Kirche um mehr als das Vierfache auf drei Millionen angewachsen ist. Angesichts der scharfen Verfolgung und dem in den letzten dreißig Jahren ausgeübten Druck ein niederschmetterndes Eingeständnis!

Vieles deutet jedoch darauf hin, daß die Kirche in Wirklichkeit viel größer ist. Die Patriotische Bewegung der Dreifachen Selbstbestimmung, PBDS, hat in den letzten Jahren ihre Mitgliederzahl allmählich gesteigert. Erst in jüngster Zeit, im Dezember 1983, gab sie zu, daß es allein in drei Provinzen (Henan, Zhejiang und Fujian) eineinhalb Millionen Christen gibt, und diese Zahl enthält nur getaufte Gläubige. Die vielen jungen Leute, die durch die Hausgemeinde bekehrt wurden, sind in dieser Zahl gar nicht enthalten. Es sind also ernsthafte Zweifel an der offiziellen Zahl angebracht.

Das Büro für Religiöse Angelegenheiten in Xian beklagte 1983 die Tatsache, daß von den 1857 Neubekehrten in dieser Stadt nur 43 durch die PBDS-Kirche getauft wurden. Die übrigen 1814 kamen alle durch Prediger der Hausgemeinde zum Glauben. Ein einziger Prediger taufte 179 Bekehrte, und ein weiterer führte dieser Gemeinde noch 800 weitere von einer Kommune nahe der Stadt zu. Es gibt keinen vernünftigen Grund, zu bezweifeln, daß es sich im übrigen China ebenso verhält. Selbst die PBDS gibt zu, daß es weit mehr Hausgemeinden als »offene« Gemeinden (deren Zahl sich auf über 1200 beläuft) gibt. Im November 1983 enthüllte eine Quelle der PBDS, daß in der Provinz Jiangsu nur 29 »offene« Gemeinden existieren, dagegen über 800 Hausgemeinden. Im selben Monat teilte eine PBDS-Delegation bei einem Besuch in Hongkong mit, daß die Provinz Guangdong über 50 »offene« Gemeinden gegenüber mehr als 300 Hausgemeinden verfüge.

Es kann daher nicht überraschen, daß Kreise aus der Hausgemeinde von einem raschen Anwachsen nach dem Tode Maos im Jahr 1976 sprechen. Ein Christ berichtete 1982 aus Henan, er habe ein internes Dokument gesehen, wonach es allein in dieser Provinz eine Millionen neue Christen gebe. Eine Stadt in Henan wird bei den Kadern als »Jesus-Höhle« bezeichnet, weil von den 700000 Einwohnern 300000 Christen sind. In bestimmten Gebieten von Henan ist nach Angaben eines anderen Christen dem Büro für Öffentliche Sicherheit bekannt, daß in jedem einzelnen Ort christliche Versammlungen stattfinden. Gläubige aus dieser Gegend sprechen davon, daß in den an Henan angrenzenden Provinzen wie etwa Süd-Hebei möglicherweise bis zu zehn Millionen Christen leben. In der Provinz Zhejiang, wo die Kirche ebenfalls sehr stark ist, stellten PBDS-Quellen inoffiziell fest, die Zahl der Gläubigen könne bei fünf Millionen liegen. Allein in einer Stadt sind 50 000 der 400 000 Einwohner Christen. Aus dem Brief eines Gläubigen aus Shanghai geht hervor, daß es in dieser Stadt zehnmal mehr Christen gibt als vor 1949. Schätzungen über die Zahl der dort vor dem jüngsten Einschreiten tätigen Hausgemeinden reichen von 1 000 bis 3 000. Selbst aus fernen Grenzgebieten, die von ethnischen Minderheiten bewohnt werden, wird berichtet von einem Wachstum der Gemeinden und von Erweckungen. Ein Christ berichtete, daß es in einer Stadt der Provinz Anhi Ende 1981 etwa 70 000 neue Christen gab. Ein weiterer schrieb in einem Brief von über drei Millionen in der Provinz Shandong.

Die zurückhaltenden Schätzungen über die Gesamtzahl der gläubigen Christen beginnen bei 30 Millionen. Eine Gruppe entsandte einen Meinungsforscher aus Asien nach China, wo er während eines sechsmonatigen Aufenthaltes Informationen über das Wachstum der Kirche sammelte. Seine Schätzung lautet 100 Millionen.

Dies sind nur statistische Angaben. Worauf es wirklich ankommt, ist die Erkenntnis, daß der Herr seine Kirche auf wunderbare Weise von ihren Ursprüngen her erweckt hat — in den Städten wie auf dem Lande. Menschen aller Gesellschaftsschichten bekehren sich, unter ihnen Intellektuelle und Angehörige der Kader. Meist sind es junge Menschen, die zur Erlösung finden, im Alter unter dreißig.

EINE GEMEINDE MIT ZUKUNFT

Diese Zukunft gründet sich auf *Stärke* und auf ein *Ziel*. Die Quellen der Stärke sollten alle Christen, wo immer sie zu Hause sind, beherzigen. Es sind fünf.

1. Biblische Grundlage. Mittelpunkt aller Aktivitäten ist das Wort Gottes. Die Bibel wird hochgeschätzt. Teile daraus werden von

Hand aus anderen Kopien abgeschrieben oder nach dem Anhören von Evangeliumssendungen im Rundfunk. Die überwältigende Mehrheit der Christen glaubt an die evangelischen Wahrheiten der Bibel. Die obersten Funktionäre der PBDS sind in ihrer Theologie im allgemeinen liberal, doch es war das Evangelium, das Grundlage für die große Erweckung der Kirche Christi in China wurde.

2. Beten. Die Erfahrung mit der Erhörung von Gebeten in dreißig Jahren des Drucks und der Verfolgung hat viele chinesische Christen von der Macht des Gebetes überzeugt. Der Pfarrer einer Hausgemeinde schrieb dem Verfasser, wenn er sich mit christlichen Freunden treffe, würden zuerst die Fenster geschlossen, dann knieten sie sich nieder zu gemeinsamem Gebet. Viele Kirchen im Westen haben keine echte lebendige Erfahrung mit dem Gebet und könnten von den Christen in China viel lernen.

3. Zeugnis. Christen geben ihren Glauben durch ihr Leben und ihr Zeugnis weiter. Viele nahmen es auf sich, unter großen persönlichen Opfern von Ort zu Ort zu reisen, um Versammlungen zu leiten. Andere vermitteln ihren Glauben im Stillen unter Angehörigen und engen Freunden. Realität und Gewißheit ihres Glaubens zeigen in einer allgemein ihrer Illusionen beraubten Gesellschaft nachhaltige Wirkung, vor allem unter jungen Menschen, die mit den hohlen politischen Schlagworten nichts anfangen können.

4. Keine Institutionalisierung. Die Christen treffen sich dort, wo es möglich ist, in Häusern, Stadtparks, auf offenem Feld, in Fischerbooten, auf Friedhöfen — Beerdigungen sind eine gute Gelegenheit für ein offenes Zeugnis — oder auf einsamen Bergen (günstiger Ort der Abgeschiedenheit). Die Kirche ist kein Gebäude, sondern der Leib der Gläubigen, in dem Christus wohnt. Gott hat junge Arbeiter ohne formelle theologische Ausbildung zu Predigern und Pfarrern berufen. In manchen Gegenden gibt es ausgedehnte Systeme mit Gemeindeältesten, pastoraler Betreuung und Ausbildung. Doch die in kirchlichen Institutionen übliche Unterscheidung zwischen Geistlichkeit und Laien wurde weithin aufgegeben.

5. Teilen und gegenseitige Hilfe. Christen kümmern sich um die praktischen Bedürfnisse der anderen. Häufig wird geopfert, um ärmeren Mitbrüdern zu helfen. Ihre Liebe und Sorge auch gegenüber ihren Verfolgern hat zu Bekehrungen in Kreisen der kommunistischen Kader geführt.

Alle Hinweise führen uns zu der Annahme, daß die Hausgemeinden in vieler Hinsicht in ihrem Lebensstil der Urgemeinde des Neuen Testamentes sehr ähnlich ist. Ihre Liebe, die tiefe geistliche Erfahrung, Gebetsleben, Eifer um das Evangelium und die Geduld in der Verfolgung erinnern an die Urgemeinde. Das sind eindrückliche Lektionen für die westliche Kirche, die weithin ihren Weg und sogar ihre Botschaft verloren hat.

Die angestrebten Ziele sind gleichermaßen lebenswichtig für Christen in aller Welt.

Vor kurzem trat die Patriotische Bewegung der Dreifachen Selbstbestimmung zusammen, um Beschränkungen der »evangelischen Annäherung« festzulegen. Sie nannten das die »drei Bestimmungen«, nämlich bestimmte Versammlungsorte, bestimmtes Pfarramtspersonal und bestimmte Bereiche pastoraler Tätigkeit. Demnach ist es seither verboten, sich an Orten zu versammeln, die nicht von der PBDS gebilligt sind; Christen werden angewiesen, keine Wanderprediger aufzunehmen, die nicht der PBDS angehören.

Daraufhin traten Leiter von Hausgemeinden zusammen und gaben folgende Richtlinien über die künftigen Ziele der Hausgemeinde heraus. Kopien dieses Dokuments fanden in Hongkong in chinesischer und englischer Sprache weite Verbreitung.

1. Das Evangelium vom Kreuz verkündigen. Laßt uns die Botschaft vom Kreuz überall verbreiten, wo wir hinkommen. Jeder Gläubige muß klar und eindeutig wissen, daß er durch das Blut Jesu erlöst wird, der am Kreuz starb.

2. Den Weg des Kreuzes hervorheben. Unsere Situation ist kritisch. Wir stehen unter schwerem Druck, und viele Brüder und Schwestern wurden von den lokalen Behörden verhaftet. Unsere Versammlungen werden verfolgt und zerstreut. Unsere Bibeln werden uns weggenommen. Wir sehen deshalb klar vor uns, daß wir den Weg des Kreuzes zu gehen haben. Wir müssen bereit sein, um Christi willen zu leiden.

3.Die wahre Natur der PBDS klar erkennen. Viele Christen sind immer noch verwirrt hinsichtlich des tatsächlichen Hintergrunds der Patriotischen Bewegung der Dreifachen Selbstbestimmung. Die Macht der PBDS nimmt von Tag zu Tag zu. In gewisser Weise ist es gut, daß die PBDS in den Städten offene Kirchen unterhält, damit die Gläubigen einen Ort des Gottesdienstes haben. Für uns in den Dörfern jedoch ist die Einrichtung von Versammlungsplätzen der PBDS eine Falle. Wer in diese Falle stürzt, kann nicht länger dem Herrn unter der Leitung des Heiligen Geistes dienen. Die PBDS verbietet Wanderpredigern gerade dort die Verkündigung des Evangeliums, wo es am dringendsten ist. Die PBDS untersagt christlichen Mitarbeitern von verschiedenen Orten, miteinander Gemeinschaft zu pflegen. Wir können daher nicht länger größere Versammlungen abhalten. Wir sind aber noch in der Lage, abends kleinere Versammlungen für 80-100 Menschen durchzuführen. Wir müssen uns jeden Abend in einem anderen Haus treffen, so wie wir das vor 1976 zu tun pflegten. Aber Gott segnet die Versammlungen der Hausgemeinde und stößt für uns Türen weit auf, die niemand zuschließen kann. Wir danken Gott, daß viele Brüder und Schwestern nach langen Gebeten das wirkliche Ziel der PBDS erkennen und zu getreulicher christlicher Arbeit zurückkehren.

4. Die Gemeinde nach dem Herzen Gottes aufbauen. Wir sollen die Kirche aufbauen, wie sie von Jesus Christus eingesetzt wurde. Wir sind zu Bauleuten der Gemeinde berufen, und so müssen wir den Menschen verkündigen, was die Gemeinde Christi ist. Unsere ganze Arbeit muß sich nach der biblischen Verkündigung richten. Wir müssen Christus zum Mittelpunkt unseres Gemeindelebens und unserer Arbeit machen.

5. Auf die Evangelisation Chinas hinarbeiten. Wir verstärken die Gemeinschaft unter christlichen Mitarbeitern, damit wir in Liebe verbunden sind. Gemeinsam werden wir auf das allgemeine Ziel einer Evangelisation Chinas hinarbeiten.

6. Auf die geistliche Erneuerung der Kirche hinarbeiten. Um die Kirche zu stärken, müssen wir das Leben Christi erfassen und dieses Leben den neuen Mitgliedern weitergeben. Wir müssen mehr junge Mitarbeiter ausbilden, damit sie die neu hinzugekommenen Bekehrten betreuen und ihnen helfen können, in ihr Leben als Christen hineinzuwachsen.

7. Pionierarbeit für das Evangelium leisten. Wir verstehen darunter den Gedanken, das Evangelium zu verkündigen, wohin wir auch gehen, und das Land für das Königreich von Christus zu beanspruchen. Wo wir auch hingehen, verkündigen wir Christus. Wem wir auch begegnen, wir werden ihn für Christus gewinnen, damit er sich uns anschließt. Wir werden Gruppen in fernab gelegene Dörfer und Gebirgsorte schicken, um dort das Evangelium zu verkündigen, wo es noch nicht hingelangte. Wir sind schon jetzt in der Lage, Dorf um Dorf die Menschen von Götzen und falschen Ideologien weg zu Christus zu führen. Nachdem sie Buße getan haben, verbrennen sie ihre Götzen im Glauben an Christus.

EINE GEMEINDE MIT EINER BOTSCHAFT FÜR DIE WELT

Der Leiter einer Hausgemeinde schrieb diesen Brief an die Kirche im Westen.

»Im Namen der Brüder und Schwestern in China sende ich Grüße an die Mitglieder der Kirche in Übersee!

Die Gemeinde hier wird gegenwärtig durch den Herrn reich gesegnet, und die Zahl der Erlösten nimmt täglich zu.

Das Sprichwort ‘Hat das Gute einen Schritt, hat das Böse zehn Schritte’ ist wirklich wahr. Doch das lebendige Wachsen der Gemeinde wurde sogar von den Dienern des Bösen gefördert. Wo die Kirche gedeiht, da gibt es Schwierigkeiten. Die Erweckung der Gemeinde ist aus dieser Situation heraus gewachsen. Wäre Jesus nicht gekreuzigt worden, dann könnte heute niemand erlöst werden. Würden wir nicht durch das Feuer geprüft, könnte der Glaube nicht offenkundig werden, und wenn wir nicht geübt werden, könnten wir nicht Werkzeuge in der Hand des Herrn werden. Wenn der Fels nicht aufgeschlagen wird, kann das Wasser des Lebens nicht fließen. So sind Schwierigkeiten der Weg, Leben und Erweckung in den Gemeinden zu fördern.

Vor kurzem erfuhr das Evangelium hier eine kräftige Förderung, weil zehn Brüder und Schwestern eingesperrt, geschlagen und gebunden wurden, weil sie das Evangelium ohne Furcht verkündet hatten. Sie betrachteten ihr Leiden für den Herrn als kostbareres Gut als alle Schätze des Orients.

Sie begannen mit der Verkündigung in den ärmsten und unfruchtbarsten Gegenden. Sie predigten unter Tränen, so daß Passanten und Straßenverkäufer, Christen und Nichtchristen stehen blieben und zuhörten. Selbst die Wahrsager wurden vom Heiligen Geist angerührt und brachen in Tränen aus. Viele Menschen, die das Wort Gottes hörten, vergaßen ihr Essen, ihre Arbeit, ja sogar die Rückkehr nach Hause.

Das ging so bis zum Abend. Die Brüder und Schwestern predigten bis zur Erschöpfung, doch die Menge wollte sie nicht gehen lassen. Als Läden und Fabriken schlossen, gesellten sich auch die Angestellten und Arbeiter zu den Zuhörern. Da schritten jedoch die Behörden ein und legten Hand an sie, zerrten sie einzeln fort, fesselten sie mit Stricken und schlugen mit Elektroschockknüppeln. Sie schlugen sie mit den Schuhen ins Gesicht und knüppelten sie bis zur Bewußtlosigkeit. Als sie aber wieder zu sich kamen, fuhren die fort mit Beten, Singen und Predigen.

Unter den Christen war ein junges Mädchen, vierzehn Jahre alt. Als sie wieder zu sich kam, nachdem man sie bewußtlos geprügelt hatte, sah sie, daß viele Menschen mit ihnen Mitgefühl empfanden. So verkündete sie von neuem das Evangelium. Sie sprach nur wenig und mit leiser Stimme, aber die Menschen konnten nicht anders als weinen, taten Buße und glaubten an Jesus.

Als das junge Mädchen und ihre Freunde von den Sicherheitsorganen gefesselt und geschlagen wurden, nahmen viele der Zuschauer auf ihren Gesichtern einen seltsamen Ausdruck wahr. Die Menge sah zu ihrem Erstaunen, daß die Gefangenen Freude ausstrahlten, daß die Leute sie fragten, wie das in dieser ihrer Lage möglich sei. Sie waren so jung, woher nahmen sie ihre Kraft? Sie gaben Antwort, daß alle es hören konnten. Durch ihr Beispiel wurden viele zum Glauben an Jesus geführt, auch von jenen, die zur Kirche der Dreifachen Selbstbestimmung gingen. Wer die Wahrheit bisher nicht erfahren hatte, fand sie hier.

Als die Christen dieser Gegend die jungen Zeugen sahen, gebunden und gezwungen, mehr als drei Tage lang ohne Nahrung und Wasser auf dem Boden zu knien, wie sie mit Stöcken geschlagen wurden, bis ihre Gesichter blutüberströmt und die Hände durch die einschnürenden Stricke schwarzgefärbt waren, und wie sie trotz allem beteten, sangen und den Herrn lobten, da wollten auch sie ihren Teil an Verfolgung auf sich nehmen, mit ihnen gefesselt und ins Gefängnis gebracht werden. So breitete sich in dieser Gegend die Flamme des Evangeliums überall aus. Nie zuvor hatte es dort eine Erweckung gegeben, doch durch die Verfolgung wurde die Saat des Lebens gesät. Möge jeder, der hiervon erfährt, Lob und Dank für die Erweckung in dieser Gegend aussprechen.

In den Augen der Menschen ist der Vorgang ein unglückseliges Ereignis, doch für Christen ist dies eine reiche Ernte. Diese Lektion läßt sich nicht aus Büchern lernen, und ihre Beglückung wird Menschen für gewöhnlich nicht zuteil. Diesen Reichtum gibt es nicht in einer komfortablen Umgebung. Wo das Kreuz nicht ist, da ist auch keine Krone. Wenn die Gewürze nicht zu Öl destilliert werden, kann sich der Duft des Parfüms nicht ausbreiten, und wenn Trauben nicht in der Kelter zerdrückt werden, entsteht kein Wein.

Liebe Brüder, diesen Heiligen, die in den Feuerofen geworfen wurden, geschah kein Leid, ihre Gesichter erstrahlten und ihr Geist war von Kraft erfüllt, daß sie das Wort Gottes mit größerer Vollmacht verkündigen und ein reicheres Leben führen konnten. Der Herr wird durch diese Heiligen den endgültigen Sieg davontragen und Satan beschämen. Satan hatte letzten Endes keine Chance, sie zum Widerruf ihres Glaubens zu bewegen, und sie wurden freigelassen.

Gott hat uns in diese letzten Tage hineingestellt, damit wir kämpfen und die Zahl der Erlösten durch uns wächst und damit sein Wille durch uns in dieser Generation erfüllt wird. Wir wollen darum das Beste aus dieser kurzen Zeit machen, die uns verbleibt, wir wollen beständig das Werk des Herrn ausführen. Es gibt noch viele Seelen, die nicht heimgeholt wurden, und viele Lämmer, die verirrt durch die Berge wandern, und niemand sucht sie. Möge der Herr Jesus Christus im Herzen jedes Arbeiters den Drang zur Verkündigung des Evangeliums wecken und jedem Christen den Geist des Gebets eingeben, damit jeder ein Kämpfer des Gebets wird. Keiner soll in dem Herrn müßig oder untätig sein. Mögen unsere lieben Glaubensbrüder sich noch mehr darum bemühen, den Bedarf an christlicher Literatur zu decken, denn Gott hat euch in eine gute Umwelt gestellt, um diese Aufgabe zu erfüllen. Möge Gott Ihnen ein Herz schenken, das getreu ist bis zum Tod, bis er wiederkommt. Wer dieses Herz hat, der wird reichen Lohn ernten. Der Herr wird bald kommen. Herr Jesus, ich sehne mich nach deiner Wiederkehr! Liebe christliche Mitarbeiter, möge der Herr uns bewegen, füreinander zu beten, damit wir alle treu im Hause des Herrn ausharren bis zu jenem Tag.

Der Herr sei mit uns!«

Dieser Brief an die Kirche außerhalb von China ist mit der einfachen Unterschrift versehen: »Von einem schwächeren Glied des Leibes Christi, 6. Mai 1982.«

Von meiner gepolsterten Kirchenbank aus in meiner klimatisierten Sakristei, mit einer vom Computer ausgedruckten Adressenliste, einer Anzeige für eine neue Bibelübersetzung, Abonnementsaufforderung für drei christliche Zeitschriften und verschiedenen Einladungen zu »geistlichen Mammutveranstaltungen« enthalte ich mich jeden Kommentars — nicht weil mir die Worte fehlen, sondern weil ich beschämt und anbetend zugleich schweigen muß.

[1]»Wanderprediger« sind Männer und Frauen, die illegal durch China reisen, da sie keine offiziellen Ausweispapiere der Regierung besitzen, wie sie zum Verlassen des eigenen Dorfes und zum Predigen in der Hausgemeinde benötigt werden. Sie erhielten ihre Ausbildung vor 1949 oder durch gelegentliche Unterweisung und Zeugnisse anderer. Die meisten scheinen ein besonderes Verständnis vom Wort Gottes zu haben, obgleich viele niemals eine ganze Bibel gesehen haben. Diese Männer und Frauen sind anscheinend in vielen Fällen einfach »durch den Geist« unterwiesen worden, obwohl dies im Widerstreit mit der westlichen Tradition steht. Manche bestreiten das vielleicht, aber wer ihre Verkündigung gehört hat, wird keinen Zweifel an ihrem Verständnis der Schrift mehr aufkommen lassen.

[2]Diese Glaubensgrundsätze umfassen den Heilsplan, die Notwendigkeit der Wiedergeburt, die Göttlichkeit Jesu Christi, die Notwendigkeit des Gebets, das Bibelstudium (sofern eine Bibel zu beschaffen ist) und andere grundlegende Glaubenssätze.

[3]K.H. Ding, »Call for Clarity, 14 points.« 23. Dezember 1980.

[4]PBDS-Dokument vom 7. Mai 1983, Fujian Province Publishers in 'China News and Church Report, Nr. 12 vom 8. Juli 1983.

[5]William Barclay, »God's Young Church« (Edingburgh, St. Andrews Press, 1970), S. 17-18.

[6]Dieses Gebet wurde von demjenigen niedergeschrieben, der es in China sprach, und durch private Kuriere nach Hongkong gebracht, wo es übersetzt wurde.

[7]Allein über die Wunder, die sich innerhalb der Hausgemeinde ereignen, könnte man ein Buch schreiben. Ich habe zur Veranschaulichung einige repräsentative Beispiele ausgewählt, die durch außergewöhnlich zuverlässige Quellen bezeugt werden können. Diese Vorgänge sind in Hongkong gut belegt und können persönlich in China nachgeprüft werden.

[8]Es ist interessant, daß es in China keine öffentlichen Heilungen und Wunderkampagnen gibt. Selbst wenn sie zugelassen würden, wäre das unnötig, denn Wunder und Heilungen ereignen sich innerhalb der Gruppe der Gläubigen, und man braucht nicht den jeweiligen Wirkungsort des Heiligen Geistes zu verlassen, um ihn am Werk zu erkennen.

[9]Von einem derzeitigen Kaderangehörigen im persönlichen Gespräch mit einem ausländischen Gast.

[10]Millionen junger Menschen wurden aus den Städten aufs Land geschickt, um mit ihren Händen zu arbeiten. Man nannte das 'aufs Land schicken«. Bei den Bauern stießen sie auf tiefe Ablehnung.

[11]Dieses Zeugnis ist charakteristisch für die einem »ausländischen Gast« gegenüber gemachten persönlichen Angaben. Es befindet sich im Archiv eines der Forschungszentren in Hongkong. Wissenschaftlern stehen die Unterlagen zur Auswertung zur Verfügung.

5 Die offizielle Kirche

»Und die Pforten der Hölle sollen sie nicht überwältigen« (Matth. 16, 18).

DIE PATRIOTISCHE BEWEGUNG DER DREIFACHEN SELBSTBESTIMMUNG

Mao war tot, die Viererbande befand sich im Gefängnis und das chinesische Volk kroch langsam aus dem Schutt der 30 Jahre Maoismus-Leninismus. Zu den ersten Vorstößen, die das neue Regime unternahm, gehörte die Hinwendung zur übrigen Welt. Dazu war erforderlich, dieser Welt ein angenehmes Gesicht zu zeigen. Die Führung mußte also der Welt beweisen, daß China eine freie Nation sei — Meinungsfreiheit, Freiheit des Denkens und selbstverständlich Religionsfreiheit.

Die Patriotische Bewegung der Dreifachen Selbstbestimmung wurde zu neuem Leben erweckt. Entstanden war sie 1950 auf Initiative von Zhou Enlai (früher Tschu En Lai genannt). Sie sollte das offizielle Instrument sein, um die Kirche Chinas von allem »Imperialismus und Kolonialismus« zu befreien.

Wie so vieles unter Mao, hatte die Bewegung ihre Höhen und Tiefen. Ihren größten Auftrieb erhielt sie während des Koreakrieges, als ihr Name geändert wurde in »Patriotische Bewegung der Dreifachen Selbstbestimmung, Chinesische Christen widerstehen Amerika, helfen Korea«. Im Jahre 1979 wurde sie wieder aus dem Schrank geholt und aufpoliert als Teil der Bewegung »Vierfache Modernisierung«.

Öffentlich wurde an ihre Spitze ein anglikanischer Bischof berufen, Ding Guangxun, allgemein bekannt als Bischof Ting. Er war von 1946 bis 1951 als Werkstudent in Nordamerika gewesen, kehrte dann nach China zurück und wurde Präsident des Theologischen Seminars von Nanking. 1955 wurde er zum anglikanischen Bischof von Nanking geweiht. Im Jahre 1966 wurde das Seminar geschlossen. Inzwischen ist es wieder eröffnet, und Bischof Ting ist sein Leiter.

Über die politische Einstellung von Bischof Ting gab es einige Diskussion, und es hieß sogar, er sei möglicherweise Parteimitglied. Im Gegensatz zu vielen anderen Christen scheint Ting durch die Roten Garden und andere Stellen nicht drangsaliert worden zu sein. Bischof Ting ist jedoch nicht das eigentliche Problem. Sein Bistum ist so bedeutungslos wie das jedes anderen Kaders.

Das tatsächliche Problem bildet die Patriotische Bewegung der Dreifachen Selbstbestimmung (PBDS) selbst. Die Bewegung will Selbstverbreitung (keine ausländischen Lehrer oder Geistlichen), Selbstversorgung (Geld aus dem Ausland darf weder erbeten noch angenommen werden) und Selbstverwaltung (vollständig unter interner chinesischer Kontrolle). Nach den Worten der Regierung stellt sie das offizielle Werkzeug »zur Befreiung der christlichen Kirche von imperialistischer Steuerung« dar.

Auf den kleinsten gemeinsamen Nenner gebracht, ist die Patriotische Bewegung der Dreifachen Selbstbestimmung ein offizieller Arm der Regierung der Volksrepublik China, der durch einen bestellten Bischof und andere Kader sicherstellen soll, daß die Protestantische Christliche Kirche von »Imperialismus und Kolonialismus« freigehalten wird.

Der Sinn einer solchen Bewegung liegt keineswegs im Wachsen der Kirche, sondern vielmehr in der Überwachung jener letzten Spuren von Christentum, die im Licht der Vorstellung von einem künftigen Utopia (Kommunismus), das durch den gegenwärtigen Sozialismus herbeigeführt werden soll, noch nicht erfaßt wurden. Evangelisation ist daher nicht vorgesehen. Aus diesem Grund predigen Pfarrer der PBDS so selten über die Wiederkunft Christi, weder in offiziellen Gemeinden noch in Hausgemeinden. Eine solche theologische Vorstellung steht in direktem Gegensatz zum reinen Kommunismus, der erst noch kommen soll, und ist deshalb »antirevolutionär«.

Die PBDS ist kein Werkzeug für die Ausbreitung des Christentums, sondern der Hammer, mit dem der letzte Nagel in den »Sarg Christi« eingeschlagen werden soll. Wie wenig wissen sie doch von Christus, Hämmern, Nägeln und leeren Gräbern.

Wenn jemand einen Bischofsstuhl übernimmt, erhält er eine Tätigkeitsdarstellung, die in Peking verfaßt wurde. Die Richtlinien werden speziell für ihn niedergelegt.

1. Steuerung der Kirche nach den richtigen politischen Leitlinien oder wie die Partei es ausdrückt, »Führung der Kirche in der

korrekten Ausführung der Politik der Religionsfreiheit«. Darunter hat man sich nach Artikel 40 der Verfassung vorzustellen, daß »die Bürger die Freiheit haben, an die Religion zu glauben oder nicht an sie zu glauben«.

2. Leitung der verschiedenen protestantischen Seminare in China (das größte befindet sich in Nanjing mit 49 Studenten, von denen 19 Frauen sind).

3. Reinhaltung der Kirche von Problemen wie »Aufsplitterung in einzelne Bekenntnisse«, die nach dem stellvertretenden Seminarvorsteher« aus der Reformation entspringt«.

4. Überwachung von Druck und Verteilung aller in China zugelassenen Bibeln.

5. Überwachung und Leitung der offiziellen Gemeinden, die überall in China gegründet wurden (Anfang 1984 ungefähr 1 200).

6. Reisen in den Westen im Auftrag der Beijings, um die Welt von der »Religionsfreiheit« in China zu überzeugen und darzulegen, daß die PBDS die einzige offiziell anerkannte Sprecherin für diese Kirche ist.

Gibt es ein maßgebendes Parteidokument, das im einzelnen darüber Aufschluß gibt, wie die Partei dies handhabt? Die Antwort lautet ja. 1983 wurde ein internes Rundschreiben mit Datum vom 31. März 1982 privat nach Hongkong gebracht. In diesem Rundschreiben legt das Zentralkomitee der Kommunistischen Partei Chinas die Politik gegenüber allen in China vertretenen Religionen dar. Es wurde an alle Parteikomitees in jeder chinesischen Provinz gesandt. Nachstehend die Übersetzung ohne jeden Kommentar.

1. Der atheistische Marxismus ist die ideologische Grundlage der Religionspolitik der KPCh. Die Religion ist ein historisches Phänomen eines bestimmten Stadiums in der Entwicklung der menschlichen Gesellschaft. Ihre Etappen sind Wachstum, Entwicklung und Vergehen. Da die Entwicklung der Ideologie des Volkes jedoch stets hinter der gesellschaftlichen Aktualität herhinkt, können die alte Ideologie und die von der alten Gesellschaft hinterlassenen Sitten und Gebräuche nicht in kurzer Zeit von Grund auf ausgerottet werden.

2. Die Religion wird letzten Endes verschwinden, doch die Religionsfreiheit soll innerhalb strikter Grenzen geduldet werden.

In der Geschichte der Menschheit wird die Religion eines Tages verschwinden, doch das wird natürlicherweise erst nach einer langen Entwicklungsperiode von Sozialismus und Kommunismus geschehen, nachdem alle objektiven Bedingungen erfüllt wurden.

Es wird eine Zeit kommen, in der die überwiegende Mehrheit der Bürger in unserem Land in der Lage sein wird, ganz bewußt eine wissenschaftliche Einstellung gegenüber der Welt und dem Leben einzunehmen. Sie wird dann nicht länger die geistliche Unterstützung aus einer illusionären Götterwelt benötigen.

Erst wenn wir in ein solches Stadium eingetreten sind, werden die verschiedenen Ausdrucksformen von Religion in der tatsächlichen Welt endgültig verschwinden. Unsere gesamte Partei sollte Generation um Generation hart danach streben, um dieses herrliche Ziel zu erreichen.

3. Die Partei kontrolliert Religionsfragen als Teil ihrer Politik der Vereinigten Front.

Die Stärkung der Parteiführung ist die grundlegende Garantie dafür, daß Religionsfragen in der richtigen Weise gehandhabt werden. Die Religionsarbeit der Partei ist eine wichtige Komponente der Arbeit der »Vereinigten Front« der Partei und der Massenarbeit. Sie umfaßt vielerlei Aspekte des sozialen Lebens. Deshalb müssen unsere Parteikomitees auf allen Ebenen alle in Frage kommenden Abteilungen machtvoll leiten und organisieren. Dazu gehören die Abteilung der Vereinigten Front, das Büro für Religionsangelegenheiten, die Abteilung für Minderheitenfragen, die Abteilungen für Recht, Propaganda, Kultur, Wissenschaft und Gesundheit, die Gewerkschaften, die Jugendliga, die Frauenvereinigung und andere Volksorganisationen, um ihr Denken, ihr Verständnis und Politik zu vereinigen und die Verantwortung für die Arbeit mit ihnen zu teilen und eng mit ihnen zusammenzuarbeiten, wenn diese wichtige Aufgabe zielstrebig und bewußt befriedigend erfüllt werden soll.

Wir müssen die mit der Steuerung der religiösen Fragen betrauten Regierungsgremien stärken und sicherstellen, daß alle hieran beteiligten Kader die Theorie des Marxismus über die Religion systematisch studieren.

4. Die patriotischen religiösen Organisationen sind die Gremien für Durchführung der Parteipolitik.

Die grundlegende Aufgabe der patriotischen religiösen Organisationen auf allen Ebenen ist die Unterstützung von Partei und Regierung bei der Umsetzung der Politik der Glaubensfreiheit. Sie müssen den breiten Massen der religiösen Gläubigen und den Persönlichkeiten religiöser Zirkel beständig helfen, ihr patriotisches und sozialistisches Bewußtsein auszuweiten, die legitimen Rechte und Interessen der religiösen Gläubigen vertreten, die Massen der religiösen Gläubigen organisieren und in der Ausübung normaler religiöser Aktivitäten und befriedigender Durchführung aller mit Religion zusammenhängenden Arbeit leiten. Alle patriotischen religiösen Organisationen unterliegen der Befehlsgewalt der Führung von Partei und Regierung.

5. Für Gottesdienst und Religionspersonal werden nur Orte geduldet, die der Überwachung durch die genannten Organisationen unterliegen. Unabhängige religiöse Betätigung ist weitgehend untersagt.

Was die Abhaltung christlicher Aktivitäten in Häusern betrifft, so sollten sie nicht erlaubt werden. Es ist jedoch davon abzusehen, solche Aktivitäten strikt zu unterbinden. Durch die Arbeit des patriotischen religösen Personals hinsichtlich einer Überredung der religiösen Massen sind andere geeignete Maßnahmen vorzusehen. An Orten, die nicht als religiöse Orte ausgewiesen sind, dürfen religiöse Organisationen oder Gläubige nicht evangelisieren, predigen oder die Lehre des Theismus verbreiten, keine religiösen Schriften oder Bücher verteilen, für die nicht von der verantwortlichen Abteilung der Regierung die Publikationsgenehmigung erteilt wurde.

6. Jüngeres patriotisches Personal religiöser Organisationen muß im Einklang mit der Politik der KPCh ausgebildet werden.

Aufgabe der religiösen Hochschulen ist die Ausbildung eines Stabes junger, geschulter religiöser Arbeiter, die politisch das Mutterland lieben, die Parteiführung und das sozialistische System unterstützen und bis zu einem gewissen Maß in religiöser Gelehrsamkeit bewandert sind.

Alle professionellen jungen Religionsarbeiter müssen ständig ihren Patriotismus und ihr sozialistisches Bewußtsein erweitern und danach streben, ihr kulturelles Niveau und ihr religiöses Wissen zu steigern und die Religionspolitik der Partei loyal vertreten.

Die jungen Arbeiter werden mit den ursprünglichen patriotischen und progessiven Elementen in religiösen Kreisen vereinigt. Sie bilden unter Führung der Partei einen starken Kern, der gewährleistet, daß unsere religiösen Organisationen ihre Aktivitäten in der richtigen Richtung ausüben.

7. Auf internationaler Ebene müssen die religiösen Organisatio-

nen die Ziele der Partei durch Gewinnung von Freunden und Beeinflussung von Menschen erfüllen. Ausländische religiöse Infiltration, vor allem durch den Vatikan und durch protestantische Missionen, muß durch entschiedenen Widerstand bekämpft werden.

Gegenwärtig nehmen die Auslandskontakte der religiösen Zirkel zusammen mit der laufenden Steigerung unserer internationalen Austauschaktionen von Tag zu Tag zu. Sie spielen eine wichtige Rolle bei der Ausdehnung des politischen Einflusses unseres Landes. Gleichzeitig sind jedoch die reaktionären religiösen Kräfte, zu denen die Römische Kurie und die protestantischen Missionen zu rechnen sind, insbesondere also die imperalistischen religösen Kräfte, intensiv bestrebt, jede Gelegenheit für eine Infiltration zu nutzen, um »eine Rückkehr nach China« herbeizuführen. Unsere Politik ist darauf gerichtet, der Infiltration jeglicher feindlichen ausländischen Kräfte religiösen Charakters entschiedenen Widerstand entgegenzusetzen und gleichzeitig den internationalen freundschaftlichen Austausch auf religiösem Felde kraftvoll weiterzuentwickeln.

Ausländischen religiösen Organisationen, einschließlich der von ihnen kontrollierten Gremien, darf unter keinen Umständen erlaubt werden, in unserem Land in irgendeiner Form zu missionieren oder große Mengen religiösen Propagandamaterials einzuschmuggeln und zu verteilen.

Darüber hinaus gibt es die offiziellen »Acht Punkte für die interne Religionspolitik«. Darin heißt es:

1. *Bürger über 18 Jahre besitzen die Freiheit des religiösen Glaubens. Das bedeutet, daß Gläubige und Nichtgläubige sich gegenseitig in ihrer Tätigkeit nicht stören und einander ohne Diskriminierung respektieren.*
2. *Jugendliche unter 18 Jahren sollen nicht zum religiösen Glauben angehalten werden. Wenn sie aus eigenem freien Willen an Gott glauben wollen, soll das eine Ausnahme sein.*
3. *Unter dem Schutz der Regierung können Gläubige ihren normalen religiösen Glauben ausüben. Sie müssen alle Gesetze und Richtlinien der Regierung beachten. Es ist strengstens untersagt, auf betrügerische Weise Geld zu beschaffen, die Gesundheit von Menschen zu gefährden und öffentliche Gelder für die Einrichtung einer Gemeinde zu verwenden.*
4. *Es ist verboten, die bereits abgeschafften religiösen Privile-*

gien und Systeme der Unterdrückung und Ausbeutung wiederherzustellen.

5. *Wer gegen die obengenannten Vorschriften verstößt, wird umerzogen. Bei ernsthaften Vergehen erfolgt strenge Bestrafung.*
6. *Mitgliedern der Partei und Liga ist es verboten, einen religiösen Glauben zu haben. Hat ein Mitglied bereits einen religiösen Glauben, dann sollte es dazu gebracht werden, ihm zu entsagen. Wenn jemand sich längere Zeit hindurch weigert, seinen religiösen Glauben aufzugeben, sollte ihm nahegelegt werden, aus der Partei auszutreten. Kaderangehörige, die Mitglieder der Partei oder der Liga sind, dürfen die Autorität ihres Amtes nicht zur Verbreitung religiöser Aktivitäten benutzen. Wer gegen diese Vorschrift verstößt, wird streng bestraft.*
7. *Menschen in religiösen Zirkeln gegenüber verfolgen wir die Politik, sie zu vereinigen, zu erziehen und zu reformieren. Wir werden Gläubige zusammenführen, die einen Beitrag zur allgemeinen Linie der Partei in der gegenwärtigen neuen Ära und zu den »vier Modernisierungen« geleistet haben. Diejenigen, die sich progressiv verhalten und die Entwicklung der Produktion nicht behindern, werden als Freunde angesehen. Wir werden die nötigen Vorkehrungen für ihren Lebensunterhalt treffen und ihnen bei der Lösung ihrer Probleme helfen. Eine Reihe von Religionsarbeitern werden so ausgebildet, daß sie religiöse Arbeit in der Zukunft leisten können. Sie müssen progressiv und aktiv an der politischen wie religiösen Arbeit beteiligt sein.*
8. *Die Massen werden mobilisiert, um Klassenfeinde, die unter dem Deckmantel der Religion konterrevolutionäre Aktivitäten entfalten, erbarmungslos zur Strecke zu bringen. Dann wird die Überwachung der Gläubigen verstärkt. Sie werden den angeborenen Charakter der Religion verstehen, und die Diktatur des Proletariats wird konsolidiert (Ende des Dokuments).*

Die nächste Frage lautet: Werden diese Direktiven befolgt? Wiederum lautet die Antwort: Ja.

Wie aus einem Brief aus letzter Zeit aus Zentralchina hervorgeht, verstärkt die PBDS den Druck auf die Hausgemeinden in Städten und Dörfern auf folgende Art:

1. Christen werden aufgefordert, ihre Namen bei der PBDS einzutragen;
2. Hausgemeinden in einem bestimmten Umkreis werden aufgefordert, sich an einem einzigen, für Versammlungen vorgesehenen Platz zu vereinen;
3. Abberufung der Leiter von Hausgemeinden durch Versetzung an einen entfernten Arbeitsplatz, so daß es ihnen nicht mehr möglich ist, sich um ihre Gemeinde zu kümmern.

Christen, die mit solchen Problemen konfrontiert werden, sind verwirrt und haben den Wunsch, daß Christen in anderen Gebieten für sie beten und ihnen mit Rat zur Seite stehen.
Sie fragen sich, ob diese Art der Einheit den Aussagen der Bibel gerecht wird? Viele Hausgemeinden werden verfolgt. Vor manchen Häusern, in denen sich Gemeinden zu versammeln pflegen, sind Wachen postiert, die sicherstellen sollen, daß die Versammlungen nicht wieder aufgenommen werden.

Allem Anschein nach handelt es sich hier um die Durchführung der neuen Politik, wie sie der neue Direktor des Büros für Religiöse Angelegenheiten, Jiao Liansheng, auf einer Versammlung des Nationalkomitees der PBDS umriß, die vom 19. bis 24. September 1982 in Beijing stattfand. Dieser Politik zufolge soll die PBDS die »dreifachen Festlegungen befolgen: festgelegte Gottesdienstplätze, festgelegtes geistliches Personal und festgelegte Bereiche der Aktivitäten für Pfarrer«. Alles deutet darauf hin, daß die PBDS ihre Direktiven aus Beijing hinsichtlich der Kontrolle über die Hausgemeinden ernstnimmt.

BIBEL, LITERATUR UND RUNDFUNK

Ein weiterer Verantwortungsbereich der PBDS ist Druck und Verteilung der Bibel in China. Sie hat Verteilung und Druck von Bibeln durch alle anderen Gruppen für »illegal« und »antirevolutionär« erklärt.

Ehe wir einen Blick auf die aktuelle Statistik werfen, wollen wir uns mit einigen interessanten Artikeln befassen, die in China zur Beurteilung der Bibel verteilt werden.

In einem Artikel mit dem Titel »Rückkehr zur ursprünglichen Natur der Bibel« heißt es:

» ... in den vergangenen zehn katastrophalen Jahren geriet nicht nur ein Christ, sondern jeder normale Mensch, der eine Bibel besaß, in Schwierigkeiten.

Die Bibel ist wie die griechische Mythologie; sie hat einen ungeheuren, umfassenden Einfluß auf die gesamte europäische Literatur. Wenn wir europäische Literatur und Kunst studieren oder europäische Sprachen lernen und über kein Grundwissen der Bibel verfügen, dann gleichen wir jemandem, der im dichten Nebel in die Irre geht. Die Bibel zeichnete religiöse Legenden, religiöse Gesetze und die Arbeiten der Chronisten und Psalmisten des jüdischen Volkes und anderer Rassen auf, ebenso Geschichten aus dem Volk, Sprüche und Liebeslieder, welche die Gesellschaft Kleinasiens und ihre Wirtschaft, ihre Politik und Gedanken in ihrem geschichtlichen Rahmen reflektierten. Die historischen und wissenschaftlichen Studien der Bibel haben bewiesen, daß die Bibel keine Schöpfung Gottes ist, sondern das gesammelte Werk unterschiedlicher Autoren aus verschiedenen Zeiten an verschiedenen Orten. Diese Tatsache ist aus dem sich wiederholenden und widersprüchlichen Inhalt und der stilistischen Vielfalt in der Bibel zu ersehen.

Im Laufe der Geschichte hat die reaktionäre Klasse die Bibel als Kontrollinstrument benutzt. Heute sind verschiedene Ideale in dieser Welt eng mit dem biblischen Denken verknüpft, das Teil der Weltanschauung der Bourgeoisie geworden ist.

Wir sollten die Bibel nicht so behandeln, wie dies andächtige Christen tun. Die Göttlichkeit dieses Buches, an die die Christen glauben, existiert für uns nicht. Wir sollten sie demgegenüber wie jedes andere kulturelle Erbe behandeln und sie studieren, kritisieren und analysieren, und zwar aus der Perspektive der materialistischen, wissenschaftlichen Haltung« (von Chi, Ben Yu aus 'Reading', Bd. 9, 1980).

In einem Artikel in 'History of Western Literature' findet sich eine noch schärfere Kritik der Bibel. Der Verfasser des Artikels ist Herausgeber von Lehrbüchern an vierundzwanzig höheren Lehranstalten einschließlich mehrerer der bekanntesten Universitäten; es liegt also auf der Hand, daß er bei dem, was er schreibt, die Unterstützung der Regierung genießt. Er schreibt: »Das Alte Testament enthält die gesamte Essenz und die Errungenschaften der alten hebräischen Literatur. Das Neue Testament ist die christliche Schrift für die Verbreitung des Christentums ... Die Schöpfungsgeschichte ist eine Sammlung von Mythologie und Legenden. Das Alte Testament ist die Schrift des Judentums und gleichzeitig ein Teil der christlichen Bibel. Ihre Verbreitung des religiösen Idealismus hat den Geist vieler Menschen vergiftet und im Leben vieler Menschen Verführung und Schaden angerichtet. Wir müssen sie deshalb vom Standpunkt des Marxismus-Leninismus analysieren und kritisieren (von Gi Ling Publication).«

Ganz offensichtlich haben die Mitglieder der kommunistischen Regierung erkannt, daß sie bei Aufrechterhaltung der Beziehungen zur westlichen Welt und dem Studium westlicher Kultur das Vorhandensein der Bibel akzeptieren müssen. Sie versuchen jedoch, durch Kritik an ihrem Inhalt ihren Einfluß zu mindern. Gelegentlich haben kommunistische Autoren Zitate aus der Bibel aus dem Zusammenhang gerissen. Die Worte Jesu in Matthäus 10,34: »Ihr sollt nicht meinen, daß ich gekommen bin, Frieden auf die Erde zu bringen. Ich bin nicht gekommen, Frieden zu bringen, sondern das Schwert« wurden so zitiert, als sei Jesus ein Kriegshetzer gewesen. In der Vergangenheit haben Führer der PBDS die Kritik Jesu an den Schriftgelehrten und Pharisäern im 23. Kapitel des Matthäus-Evangeliums als Rechtfertigung für Anklageversammlungen in den Gemeinden herangezogen (»Erfolgreiche Durchführung einer Anklageversammlung«, von Liu Linag Mo, YMCA, Sec. 1951; »Religiöse Politik und Praxis im kommunistischen China', Originaltitel 'Religious Policy und Practice in Communist China', von Donald E. McInnis). Vor kurzem brachte eine Universitätszeitung einen Artikel mit dem Titel »Das ursprüngliche Christentum — Versklavung und Feudalismus«. Zugrundegelegt wird Lukas 16, 16: »Das Gesetz und die Propheten reichen bis zu Johannes. Von da an wird das Evangelium vom Reich Gottes gepredigt, und jeder drängt sich mit Gewalt hinein.« Die Schriftstelle wird jedoch dahingehend angewandt, daß eine Fehlinterpretation gestützt wird (»Um in das Reich Gottes zu gelangen, ist Gewalt vonnöten«, von Che, Min Zhou, Nankai Journal, Tienjin).

Die statistischen Angaben über Druck und Verteilung der Bibel sind ungenau. Das amtliche Organ der Regierung in Beijin, die Nachrichtenagentur »Neues China«, schreibt, daß »1982 260000 Bibeln gedruckt werden« und für 1983 eine Zahl von 600000 geplant sei. Dazu kommen noch die 135 000 Bibeln und Neuen Testamente, die nicht »offiziell gedruckt« sind.

Es sei daran erinnert, daß die Bevölkerung der Volksrepublik China mehr als eine Milliarde Menschen zählt.

Die PBDS ist nicht nur verantwortlich für den Druck aller Bibeln in China, sondern auch aller anderen christlichen Literatur.

Eine beschränkte Anzahl von Gesangbüchern, Predigtbüchern und Andachtsmaterial wurde von der PBDS veröffentlicht, aber eindeutig in einer Menge, die auch nicht annähernd den Bedarf deckt. Die Partei erlaubt keinerlei Veröffentlichung von Evangelisationsmaterial und Kinderschriften. In vielen Gebieten, selbst in Großstädten wie Shanghai, haben Gläubige im Jahre 1983 Bücher und Schriften hektographiert, weil es an verfügbarer christlicher Literatur fehlt. Viele haben anerkennende Briefe an christliche Gruppen außerhalb Chinas geschrieben, die ihnen solches Schriftgut geschickt haben.

Die Vollständigkeit der Kontrolle über das Christentum durch die PBDS umfaßt nicht nur die Amtskirchen, die nun in den größeren Städten eröffnet wurden (mit einem Personalstand von 5 900 registrierten Pfarrern und Predigern), Druck und Verteilung aller religiösen Lektüre, — man will auch kontrollieren, was die Leute am Rundfunk hören.

Berichten zufolge tauchten in der Provinz Henan Wandplakate auf, die das Anhören »reaktionärer« Rundfunksendungen verbieten. Henan ist die Provinz mit den meisten und aktivsten Christen, und es besteht keine andere soziale Besonderheit, die das Verbot des Anhörens von Rundfunksendungen rechtfertigen würde.

Ein christlicher Reisender berichtete, daß in den Kirchen der PBDS in Shanghai öffentlich verkündet wurde, christliche Rundfunksendungen seien ihrem Charakter nach feindlich, und die Gläubigen wurden gedrängt, solche Programme nicht zu hören.

Ende 1983 schrieb ein junger Mann aus der Mandschurei an eine Organisation für Evangeliumsrundfunk und bat um eine Bibel. Der Brief wurde geöffnet, und er wurde öffentlich von seiner Schulbehörde kritisiert.

Die PBDS erhält Unterstützung durch eine westliche Stelle. Aus einem Bericht aus Hongkong geht hervor, daß der Kommunikationsausschuß des Lutherischen Weltbundes einen Vorschlag abgelehnt hat, die Ausstrahlung von christlichen Sendungen nach

China in Erwägung zu ziehen. Der Ausschuß des Lutherischen Weltbundes hörte sich das Zeugnis einer LWB-Delegation an, die in China war und darauf hinwies, daß solche Sendungen nicht in Einklang mit den Prinzipien der Dreifachen Selbstbestimmung stünden. Der Ausschuß nahm diesen Ratschlag einstimmig an und verwarf die Aussage, daß die christliche Bevölkerung in China trotz der PBDS-Führung Wert auf solche Sendungen lege.

Ein weiterer Verantwortungsbereich der PBDS ist die totale Kontrolle über die amtlichen Gemeinden. Sie sind es, die von den Touristen besucht werden.

Der typische westliche »Tourist« ist sich nicht immer darüber im klaren, daß die Verhältnisse in den Kirchen der PBDS nicht alle so sind, wie sie scheinen. Das kann nicht überraschen. Die meisten Besucher aus dem Westen sprechen kein Chinesisch und können sich mit den chinesischen Christen nicht frei unterhalten. Ihre Kontakte mit der chinesischen Kirche beschränken sich auf Gespräche mit Pfarrern und Funktionären der PBDS. Oftmals werden sie auch auf besondere Galerien für Ausländer geführt, wo sie von den normalen chinesischen Gläubigen abgesondert sind. Nur wenige sind in der Lage, mit chinesischen Christen in ihrem Heim zusammenzutreffen. Hinter der offiziellen Fassade zeichnen viele chinesische Gläubige jedoch ein ganz anderes Bild. In den Hausgemeinden wie in den Kirchen der PBDS stehen die Gläubigen oft unter Überwachung. In jeder PBDS-Gemeinde gibt es Funktionäre (sie können Pfarrer, Dolmetscher oder Pförtner sein), deren Aufgabe es ist, den Behörden alles aus dem Rahmen des Üblichen Fallende zu berichten und unter bestimmten Umständen sogar selbst einzuschreiten.

So berichtete beispielsweise eine Frau, die eine PBDS-Kirche besucht, aber auch in der Hausgemeinde recht aktiv ist, daß sie nach einem langen Gespräch mit einem Ausländer von einem Pfarrer scharf gerügt wurde, der ihr erklärte, sie hätte sich auf einen kurzen Gruß beschränken und nicht mit Ausländern eingehende Gespräche führen sollen. In China lebende ausländische Christen, welche die Landessprache beherrschen, berichten oft darüber, daß sie nach dem Verlassen einer PBDS-Kirche mit jungen chinesischen Freunden beschattet wurden. Die Chinesen selber erzählten ihnen später, es habe sie mehr als eine Stunde gekostet, ihre Beschatter wieder abzuschütteln.

Mehrere Fälle wurden bekannt, wo Pfarrer oder Funktionäre

der PBDS »illegale« Aktivitäten an die Polizei berichteten. In einem Fall erwähnte ein Christ einem vermeintlich vertrauenswürdigen PBDS-Pfarrer gegenüber, er habe von einigen Besuchern christliche Literatur erhalten. Bald danach wurde er von der Polizei festgenommen und verhört. In einem anderen Falle erzählte eine ausländische Besucherin einem PBDS-Pfarrer beiläufig, daß sie einen bestimmten Christen zu Hause besuchen wolle. Nachdem sie gegangen war, wurde der Mann verhaftet, und christliche Literatur, die sie ihm übergeben hatte, wurde konfisziert. Sehr häufig berichten christliche Besucher, sie seien beim Gespräch mit chinesischen Christen von PBDS-Funktionären unterbrochen worden. Wer nicht rasch weggeht, wird oft aufgefordert, seinen Namen und seine Arbeitseinheit anzugeben.

Anfang 1983 führte ein getreuer PBDS-Pfarrer eine Bibelstudie für junge Leute über die Schöpfungsgeschichte durch. Doch nach zwei Monaten wurde er in seiner eigenen Gemeinde von PBDS-Funktionären belehrt, die Schöpfungsgeschichte stehe im Widerspruch zum marxistischen Dogma, wonach »Arbeit die Welt geschaffen hat« und nicht Gott.

In einer anderen Stadt überreichte ein Besucher im Jahre 1983 christliche Literatur, die von einigen Gemeindemitgliedern gern entgegengenommen wurde. Nachdem er gegangen war, verlangte einer der PBDS-Pfarrer, man solle ihm das gesamte Schriftgut aushändigen. Manche Pfarrer der PBDS verkündigen das Evangelium von ihrer Kanzel. Eine hervorragende Predigt ist jedoch kein zwingender Beweis dafür, daß der Betreffende im geistlichen Sinne zuverlässig ist. Ein Besucher aus dem Westen hörte sich eine vorzügliche Predigt an; hernach aber wurde ihm privat gesagt, daß dieser PBDS-Pfarrer schon viele Christen verraten habe. Letzten Endes erkennen nur chinesische Christen, was hinter den Kulissen mancher PBDS-Gemeinden vor sich geht.

Eine gewisse Ironie liegt darin, daß die PBDS, deren eingeschworenes Ziel die Befreiung der Kirche von »westlicher Ideologie« ist, in ihren allgemeinen Strukturen westlichen Linien folgt, wohingegen dies bei der Hausgemeinde nicht der Fall ist. Die Hausgemeinden haben beispielsweise neue Formen des Laienpriestertums entwickelt, während die PBDS an der Unterscheidung Geistlichkeit-Laienstand festhält.

NICHT NUR SÜNDER, NICHT NUR HEILIGE

Alles hat zwei Seiten. Man mag einer Seite stärkeres Gewicht beimessen, sollte jedoch immer beide Seiten prüfen.

Nicht alles in der PBDS ist negativ zu werten. Es gibt verschiedene Aspekte, die uns daran erinnern, daß die Wege des Herrn nicht immer unsere Wege sind und daß er die Menschen auf verschiedene Weise und für viele verschiedene Ziele einsetzen kann.

1. In der amtlichen PBDS gibt es annähernd 5 900 registrierte Pfarrer und Prediger. Die meisten sind im Alter von etwa 60 Jahren, und viele sind in schlechter gesundheitlicher Verfassung, da sie lange Jahre im Gefängnis verbrachten. Es kann nicht angezweifelt werden, daß viele von ihnen hervorragende Christen sind, die glauben, daß dies der Platz sei, auf den der Herr sie gestellt habe, um für ihn zu wirken. Es gibt keinen Grund anzunehmen, daß sie sich hierin irren. Ihre Aufgabe ist äußerst schwierig, und viele würden es sicher vorziehen, draußen auf dem Land tätig zu sein, wo die Kirche aufblüht. Nicht selten kann man von der Kanzel einer PBDS-Kirche eine gute evangelische Botschaft hören. Unter den Besuchern dieser Gottesdienste gibt es Menschen, die vom Evangelium ergriffen Christen wurden. Die Regierung trägt, indem sie diesen Kirchen die weitere Tätigkeit erlaubt, mit zur Verbreitung des Evangeliums von Jesus Christus bei, fördert also genau das, was sie eigentlich bekämpfen will.

2. Als die amtlichen Kirchen in den frühen achtziger Jahren wieder geöffnet wurden, ging man von der Annahme aus, sie würden lediglich eine Art sinnbildlicher Gottesdienstort für Touristen und einige alte Leute sein. Das erwies sich jedoch bereits am ersten Sonntagmorgen als Irrtum. Tausende strömten zu den Gottesdiensten, und zwar keineswegs Touristen. Männer und Frauen aller Altersklassen sangen unter Tränen »Zion steht auf Bergeshöhen« und vernahmen zum erstenmal nach langen Jahren das Wort Gottes von einer Kanzel. Allein die Existenz der »offiziellen« Kirchen, die beweist, daß die Partei die wachsende christliche Gemeinde nicht einfach ignorieren kann, ist eine durchschlagende Bestätigung dafür, daß die Kirche höchst lebendig war und ist. Sie ist zugleich ein Zeugnis für die Kraft des Evangeliums wie für den Bankrott des Marxismus in dem Versuch, Geist und Herz der Menschen in China zu gewinnen.

Die »Far East Economic Review« schrieb in einem Artikel über die sogenannte Bewegung der »Wiedergeburt« in China: »Sie (die Bewegung der Dreifachen Selbstbestimmung) ist Teil des Grundprinzips (von Beijing), und verweist darauf, daß der Marxismus die Lücken im Denkprozeß des Menschen nicht füllen kann, sondern sie vielmehr erst erzeugt.« Ein Parteifunktionär stellte fest: »Gott ist ein grundlegendes menschliches Bedürfnis, das nicht auf unbestimmte Zeit ignoriert werden kann.« Wahrhaftig eine seltsame Feststellung aus dem Munde eines marxistischen Führers.

3. Nach Gottes Ratschluß bildet die PBDS eine Barriere gegen fehlgeleitete Christen aus dem Westen, die mehr Eifer als Kenntnis an den Tag legen. Gott hat in den vergangenen dreißig Jahren in China viele Hürden von unterschiedlichen Bekenntnissen niedergerissen; es wäre tragisch, wenn sie durch westliche Missionstätigkeit von neuem aufgerichtet würden. In überwältigendem Maße deutet alles darauf hin, daß die Schar der Gläubigen in China weiter wachsen wird, vor allem durch die Hausgemeinde.

6 Wir verlassen die Arena

Beim Verlassen der Arena, wenn wir den Kampfplatz gegen die Bequemlichkeit der Logenplätze eintauschen, sollten wir noch einmal einige der Beteiligten zu Wort kommen lassen und damit das Kampfgeschehen zusammenfassen.

Ein Chinese von heute:
»Wir sind Überlebende. Der Tiger hat zugebissen, aber er konnte uns nicht so weit zerfleischen, daß er uns hätte verschlingen können. Seine Tatzen hinterließen Narben auf unseren Gesichtern, deshalb sehen sie nicht schön aus.«

Ein Parteifunktionär:
Patriotische Intellektuelle mit guten Kenntnissen in der Religion müssen ausgebildet werden. Sie sind nützlich für die Förderung einer internationalen vereinigten Front und für Auslandskontakte.«

Der Leiter der PBDS-Kirche:
»Wir meinen nicht, daß dieses starke zahlenmäßige Wachstum (der chinesischen Kirche) weitergehen sollte oder kann, denn es hat bereits jetzt einen Umfang erreicht, den unsere christliche Unterweisung nicht mehr bewältigt.«

Ein westlicher Journalist:
»Der Versuch, die Religion in China auszutilgen, ist gescheitert.«

Mitglied der Hausgemeinde:
»Je mehr sie mich mißhandeln, desto größer ist der Segen des Herrn.«

»Von unseren Geistlichen ist im Durchschnitt jeder 17 Jahre und drei Monate seines Glaubens wegen im Gefängnis gewesen, davon lange Zeit in Einzelhaft.«

»Kommen Sie nicht in diese Versammlung (einer Hausgemeinde), um über etwas zu sprechen oder etwas zu tun, wofür Sie nicht bereit sind zu sterben.«

»Wenn man die Taufe annimmt, dann heißt das, daß man öffentlich seine Bereitschaft verkündet, für den Herrn Jesus Christus zu sterben.«

Ein junger marxistischer Student:
»China verlangt von uns, daß wir gegeneinander, gegen den Himmel, gegen die Erde, gegen Menschen kämpfen. Ich habe den Kampf satt. Ich möchte Liebe.«

Der Gründer der Hausgemeinde:
»Ich will meine Gemeinde bauen, und die Pforten der Hölle sollen sie nicht überwältigen!«

TEIL ZWEI

AUF DER ZUSCHAUERTRIBÜNE

AUF DER TRIBÜNE

Es ist ein gewaltiger Unterschied, ob man in der Arena am Kampf teilnimmt oder als Zuschauer auf der Tribüne sitzt.

Als Zuschauer haben wir nichts weiter zu tun, als zu erscheinen, zu beobachten und dann wieder zu gehen. Bei uns selbst hat sich in der Zeit kaum etwas verändert. Wir müssen uns keinen anstrengenden Vorbereitungen unterziehen, geschweige denn den Preis für den Kampf bezahlen. Wir zerknittern uns nicht einmal die Kleidung.

Ein Zuschauer aber kann beobachten und dann vielleicht versuchen, seine Beobachtungen in einen sinnvollen Zusammenhang zu bringen.

Der zweite Teil dieses Buches stellt den ernsthaften, wenn auch vielleicht schwachen Versuch dar, dieser Aufgabe gerecht zu werden.

7 Wie die Christen überlebten

Für das Überleben und Gedeihen der Christen in China gibt es wahrscheinlich ebensoviele Gründe und Erklärungen, wie Menschen dort leben.

Einige allgemeine Beobachtungen können jedoch äußerst hilfreich sein, die Gründe für das eindrucksvolle Wirken des Heiligen Geistes unter Gläubigen und Nichtgläubigen in den vergangenen dreißig Jahren kommunistischer Überwachung zu ermitteln.

Diese nicht unbedingt in der Reihenfolge ihrer Bedeutung aufgeführten Gründe sind:

1. Die Fürbitte. Viel wurde geschrieben über den Exodus der Missionare in den ersten Jahren nach der kommunistischen Machtergreifung. Was jedoch oft übersehen wird, ist die einfache Tatsache, daß viele, die China gebeugt verließen, auf den Knien weiterbeteten. Sie gingen fort, blieben aber geistlich gegenwärtig.

Sie waren nicht besiegt; sie setzten einfach den Kampf in einer der härtesten Kampfstätten auf einer anderen Ebene fort: in der Fürbitte. Oftmals wurde ihnen vorgehalten, sie würden nicht zur Kenntnis nehmen, daß »wir in einer ganz anderen Welt leben und daß es nichts gibt, was man für China tun kann«. Dennoch setzten sie Stunde um Stunde, Tag um Tag, Jahr um Jahr ihre Fürbitte fort. Dabei brachten sie immer wieder die Namen derer, die sie in den Dörfern und Gemeinden Chinas zurückgelassen hatten, vor Gott. Dieser Gebetsdienst reichte weit über alles menschliche Handeln hinaus.

Heute reisen manche von ihnen zu Besuch in ihr geliebtes China und hören dort das Zeugnis über die »besondere Kraft, die von irgendwoher zu kommen schien«, jener Kraft, die so bitter nötig war, nicht nur zum Überleben, sondern zum Wachsen.

Es kann lange Zeit vergehen, bis man wieder Zeuge eines so großartigen Kapitels der Kirchengeschichte wird, das die Schönheit der durch Fürbitte geknüpften Bande der Liebe auf so eindrucksvolle Weise darstellt.

2. Rundfunk. In der dunkelsten Zeit nach der Kulturrevolution (1969-1970) fand eine internationale Konferenz über Kommunikation statt, auf der sich einige der angesehensten Vertreter der christlichen Radiomission trafen. Auf dieser Veranstaltung wurde der verantwortliche Sendeleiter der »Vierundzwanzig-Stunden-Sendungen in die Volksrepublik China« von einigen Medienexperten heftig gerügt, weil er »Zeit und Geld verschwende« für Sendungen nach China. Man erklärte ihm: »Sie haben dort keine Radiogeräte, und außerdem sind das alles Kommunisten. Selbst wenn sie es könnten, sie wollen nicht zuhören.«

Dr. Robert Bowman, Präsident der Far East Broadcasting Company, die die Sendungen macht, aber sagte zu dem Sendeleiter: »Die Radiogeräte sind da, die Menschen sind da, die Sender sind da, die Prediger predigen, und die Last und der Wille sind da. Führen Sie Ihre Aufgaben durch, und ich kümmere mich um die Kritiker.«

Mit diesem Bericht soll niemand angeklagt werden, er soll vielmehr aufzeigen, daß die Wege Gottes nicht immer die Wege der Menschen sind. Man könnte hinzufügen, daß der Sachverstand versagt, wo die geistliche Überzeugung fehlt.

Heute, zwanzig Jahre später, erkennen wir, wie recht Dr. Bowman hatte. Dr. Donald McGavran, ein anerkannter Experte für das Wachstum der Kirche, schrieb nach einer Reise in die Volksrepublik China an Dr. Bowman: »Es scheint so zu sein, daß viele, viele Millionen Chinesen angesichts der leeren Versprechungen des Kommunismus und des entsetzlichen Wütens der Kulturrevolution zum Christentum gefunden haben. Da sie keine Bibeln mehr hatten, schrieben sie verschiedene Teile (der Bibel) von Hand ab und gaben sie weiter. Sie kamen aber noch auf mancherlei andere Weise zum christlichen Glauben.«

Dr. McGavran fährt fort: »In manchen Ortschaften sind alle Einwohner Christen, in anderen zehn bis fünfzig Prozent. Christliche Rundfunksendungen nach China haben ohne jede Frage einen bedeutenden Anteil an dieser großen Bewegung, und das gesamte Missionswerk ist Ihnen zu tiefstem Dank verpflichtet.«[1]

In den schrecklichen Tagen der Verfolgung und des Gefühls der Verlassenheit »rühmten die Himmel Gott und priesen seinen Ruhm«. Christen in China bezeugen, wie wichtig der Rundfunk für sie war: »Ihr habt uns gespeist, als wir von keiner anderen Quelle geistliche Nahrung empfingen.« Ein anderer schrieb: »Sie gaben uns die einzige Bibel, die wir hatten.« (Die Bibel wurde in Diktattempo über Rundfunk verlesen; man findet heute noch Exemplare der handgeschriebenen Heiligen Schrift.)

Andere schrieben: »Sie dienten uns als ständige Erinnerung,

daß wir nicht allein waren, daß wir Teil eines größeren Ganzen sind und daß man uns nicht vergessen hat.« — »Sie haben eine Alternative geboten für alle, die nicht länger das Trommelfeuer der maoistisch-marxistischen Doktrin akzeptieren konnten, durch das unser ganzes Land in einem beständigen Zustand der Sklaverei gehalten wurde.«

Vor kurzem wurde ein ausländischer Tourist in China von einem jungen Chinesen angesprochen. Nach einer kurzen Unterhaltung berichtete der junge Mann von christlichen Rundfunksendungen und welche Wirkung das auf seine ganze Familie hatte. Das Gespräch mußte abrupt abgebrochen werden. Am nächsten Morgen jedoch wurde dem Touristen beim Besteigen des Busses eine Papierserviette übergeben, auf dem der Sendeplan der Far East Broadcasting Company für China mit Programmtiteln, Sendezeiten und Frequenzen aufgezeichnet war. Der junge Mann wollte damit den großen Wert der Rundfunksendungen nachdrücklich bezeugen.

Welche Rolle der Rundfunk beim Aufbau der Kirche in China spielte, geht am deutlichsten aus den Worten eines Chorals hervor, dem ersten, den der FEBC-Sender in Manila ausgestrahlt hat. Drei Jahrzehnte hindurch wurde von dort das Evangelium in ein Land ausgestrahlt, wo »wir zu Hause unter eine Decke krochen, die ganze Familie, und den Rundfunk aus Manila anhörten«. Das war ihre Kirche, und die Worte des Chorals lauteten:

Laß jede Sippe, jeden Stamm
auf diesem Erdenrund
von Gottes Majestät und Ruhm
uns allen geben kund.

3. Zuerst das Richtige tun. Über die Missionstätigkeit in China von den Anfängen bis zum Jahr 1949 ist manches Negative gedruckt worden. Wenn man aber eine Karte der Gebiete zur Hand nimmt, in denen die Hausgemeinde vertreten ist, von der Dr. McGavran schreibt, »In manchen Ortschaften sind alle Einwohner Christen, in anderen zehn bis fünfzig Prozent«, und eine ältere Karte darüberlegt, in der die Gebiete mit einer regen Missionsbewegung vor 1949 verzeichnet sind, dann erkennt man, daß sie deckungsgleich sind.

Man muß den frühen Missionaren dankbar sein, die zwar nicht vollkommen waren, — wer von uns ist das schon —, bei denen aber an erster Stelle die Botschaft stand und erst danach die Missionsstrategie. Diese frühen Missionare hatten erfaßt, was Jesus sagte, er werde sein Wort segnen. Diese Verheißung erstreckte sich nicht notwendigerweise darüber hinaus. Das Wort kam an erster Stelle; die Methode war zwar wichtig, aber auch austauschbar.

Ihre Einstellung findet am besten Ausdruck in einer Nachrede, die kürzlich anläßlich der Beerdigung eines Mannes gehalten wurde, der nach dieser Überzeugung gelebt hatte. Es war ein Mann von großer geistlicher Erkenntnis, intellektueller Auffassungsgabe und Bereitschaft zum Einsatz moderner Techniken zur Verkündigung des Evangeliums gewesen. Auf diesem Gebiet war er sogar ein Pionier, dessen Wirken sich noch auf Jahre hinaus bemerkbar machen wird: »Dr. Eugen Berterman war kein Technik-Freak, sondern ein Mann mit einer ungeheuren Leidenschaft für die Seele des Menschen.« Bei der Hausgemeinde in China hat die Botschaft ebenso den höchsten Stellenwert. Das wirkt sich segensreich aus.

4. Das höchste Opfer. Eine Tatsache muß vor allen anderen herausgehoben werden: Es gäbe heute in China keine Kirche ohne jene Christen, die bereit waren, den Preis dafür zu zahlen, jene ungezählten Tausende von Männern und Frauen jeden Alters, die »es für Freude erachteten«, um des Evangeliums von Jesus Christus willen zu sterben.

Man sperrte sie in Gefängnisse, riß Familien auseinander, verbrannte die Bibeln, schloß die Kirchen, doch die Überlebenden hörten nicht auf zu predigen. Viele tragen noch die Narben an ihrem Körper, die manche »Geburtszeichen für das Reich Gottes« nennen. Ihr Zeugnis, mit dem sie sich nicht brüsten, weil sie Leiden einfach als Teil des Christentums ansehen, enthüllt ein ruhmreiches Kapitel von Freude und Kummer, Frieden und Not. Wenn Sie diese kurzen Zeugnisse lesen, dann werden Sie mir zustimmen. Sie lehren Christen in aller Welt eine besondere Lektion.

»Wir waren zweiundzwanzig Gefangene in unserer Zelle. Für den Gang zur Toilette standen uns zwölf Minuten zur Verfügung. Was in diesen kurzen Minuten nicht erledigt wurde, mußte in der Zelle erledigt werden. Manche waren bereits »umerzogen«, doch keiner wurde entlassen, ehe nicht die »Umerziehung« von uns allen abgeschlossen war. Wenn man dann der letzte von zweiundzwanzig ist, dann ist das Leben sehr schwer.«

»Wir beteten, sangen für uns und verfaßten in Gedanken Predigten, um den Geist klar zu halten. Diejenigen, denen die Schrift nicht bekannt war, hatten eine sehr schwere Zeit. Manche verrieten den Herrn, andere wurden verrückt oder begingen Selbstmord. Es war das Wort Gottes, das uns davor bewahrte.«

»Wir haben nicht nur überlebt ... schauen Sie uns an — wir sind gewachsen!«

»Je schwieriger die Dinge wurden, desto mehr schienen wir zu wachsen. Eine Zeitlang standen wir in der Gefahr, Marxismus und Christentum zu vermischen. Als sie aber unsere Bibeln verbrannten, uns aus unseren Kirchen vertrieben und unsere Pfarrer fortschickten, da erkannten wir, daß beides nicht zusammenpaßt.«

»Wir trafen uns aus keinem anderen Grund als zum Beten, zum Singen und zum Studium der Bruchstücke, die wir noch von der Bibel besaßen. Oft interessierten uns nicht einmal die neuesten Nachrichten; wir wollten keine Zeit vergeuden. Wir versammelten uns im Untergrund. Für die Anbetung des Herrn waren wir bereit, verhaftet zu werden.«

»Wir beteten für unsere Leiter und für die, die uns verfolgten. Wir erlebten, wie so mancher unserer Feinde zum Freund wurde, und manche wurden Glaubensbrüder.«

An eine Frau wurde die Frage gerichtet: »Möchten Sie das alles nochmals durchmachen?«

»Durchmachen« bedeutete in ihrem Falle die Trennung von ihrer Familie, während sie achtzehn Jahre im Gefängnis verbrachte mit all den physischen, geistigen und geistlichen Kämpfen, die einem Leben in Gefangenschaft eigen sind.

Zuerst sah sie mich an, als wolle sie sagen: »Ich bin überrascht, daß Sie eine solche Frage stellen«, dann erblühte ein Lächeln auf ihrem Gesicht, und mit erhobenem Kopf erwiderte sie: »Ob ich es nochmals durchmachen würde? Ich möchte die Führung des Herrn nicht vermissen. Das war, als sei ich achtzehn Jahre in der Bibelschule gewesen!«

Diese Unterweisung war doch um einiges mehr, als die meisten von uns bereit wären zu erleben. Doch ein Blick auf ihr strahlendes Gesicht bezeugte dem Frager, wie überwältigend dieser Lehrplan gewesen war.

Fürbitte, Rundfunk, zuerst die Botschaft und die Bereitschaft, den Preis zu bezahlen — das sind die erregendsten Kapitel der Geschichte, wie die Christen in China nicht nur überlebten, sondern bis zum heutigen Tage zunehmen.

---

[1]Persönlicher Schriftverkehr vom 28. Oktober 1983. Mit Genehmigung abgedruckt.

8 Gibt es in China für Missionare eine Zukunft?

Deutlicher ausgedrückt: Wird der Vertreter aus dem Westen, der Nichtchinese, je wieder als Missionar nach China zurückkehren können?

Die Antwort lautet: »Ja, aber ...«

Zunächst müssen wir erkennen, daß der Christ in China eine viel bedeutendere Rolle als Missionar für den Westen spielen könnte, als dies umgekehrt der Fall ist. Dies ändert allerdings nichts an dem Umstand, daß es heute in der Kirche Chinas einige wirkliche Schwachstellen gibt, die durch »Außenseiter« verstärkt werden können.[1]

Grundsätzlich müssen zwei Fragen gestellt werden: 1. Welche Menschen sollen erfaßt werden? 2. Wer ist in der Lage, sie zu erfassen? Das heißt, welche Qualifikationen muß der Missionar haben?

Zu Punkt 1: Wer sind die Menschen in China, die erfaßt werden?

Wir wollen uns einmal die Struktur der Gesellschaft Chinas näher anschauen. Von den mehr als einer Milliarde Menschen, die China heute bevölkern, sind die Hälfte unter zwanzig; von ihnen sind 200 Millionen Teenager. 65 Prozent sind unter 30. Das macht zusammen 650 Millionen Menschen. Sie alle wurden erst nach der »Befreiung« geboren. Von ihnen wird angenommen, daß sie ideologisch lupenrein sind und bei ihnen alle Spuren des Kapitalismus und anderer »fremder Substanzen« beseitigt wurden.

Sie stellen eine ganze Generation von erstgeborenen Marxisten-Leninisten dar, die vom »barbarischen Einfluß« der »westlichen Welt« befreit wurden.

Sie haben ihre Erziehung in der Schule der Realität erhalten, und man hat ihnen die Feinheiten des Marxismus-Maoismus beigebracht, seit sie denken und reden konnten. So möchte man annehmen, daß sie mehr Marxisten sind als Mao selbst, daß sie reiner sind als »das neue Wasser des Yangtze« und roter als die Sonne, die am Ende des Himmlischen Platzes über dem Grabe Maos untergeht.

Doch sie sind es nicht.

Die Regierung in Beijing erkennt das ungeheure Problem, das sich für eine aus alten Männern bestehende Führung bei dem Versuch ergibt, »die Massen«, das heißt die jungen Menschen, auf eine Linie zu bringen.

»Die Volkszeitung«, das offizielle Organ der Partei in Beijing, bringt diese Besorgnis mit den beunruhigenden Worten zum Ausdruck: »Nach zehn Jahren Aufruhr stehen viele junge Menschen vor dem Trümmerhaufen ihrer alten politischen und moralischen Glaubenssätze, und neue Konzepte müssen erst noch Platz greifen. Die Folge ist, daß sie sich geistig leer und elend fühlen.«

Ein junger Chinese drückt dies persönlicher aus: »In meinem ganzen Leben habe ich keinen guten Tag gehabt. Meine Mutter wurde zu Tode geprügelt, mein Vater verlor den Verstand, und ich muß um alles betteln. Das hat die Kulturrevolution angerichtet. Es ist nicht wieder gutzumachen. Meine Narben werden niemals heilen!«[2]

Grundsätzlich lassen sich die jungen Menschen in zwei Gruppen aufteilen: 1. Die »kleinen Soldaten der Kulturrevolution«, die nicht länger »klein« oder »Soldaten« sind, und 2. diejenigen, die seit 1968 geboren wurden oder noch zu jung waren, um die Kulturrevolution bewußt zu erleben.

Die »kleinen Soldaten«, die inzwischen ihre Armbinden und das kleine rote Buch verbrannt haben, werden oft als die »verlorene Generation« bezeichnet. Sie rangieren zwischen den Teenagern und der Gruppe ab vierzig. Diese Gruppe der Roten Garde, damals noch nicht ganz zwanzig, wurde darauf gedrillt, daß es eine Tugend sei, jeden über dreißig zu demütigen und zu verfolgen. Viele jener »über Dreißigjährigen« von damals, die in Umerziehungslager geschickt, deren Heim und Lebensgrundlage von den marodierenden Jugendlichen zerstört wurden, sitzen heute in verantwortungsvollen Positionen und empfinden keineswegs Sympathien für jene, die »uns in Viehhürden sperrten und uns zu niedrigster Arbeit zwangen«.

Der weitaus größte Teil dieser »verlorenen Generation« besitzt keine Erziehung. Sie selbst haben damals für beinahe zehn Jahre die Schulen geschlossen, die Bücher verbrannt und die Lehrer in Arbeitslager geschickt.

Aber nicht genug damit. Die heutigen Teenager blicken voll Verachtung auf die Kulturrevolution und hegen keine Sympathie für ihre älteren Brüder und Schwestern, die das Erziehungssystem durcheinanderbrachten und das Land an den Rand des Ruins führten. Viele der heutigen Teenager mußten zusehen, wie die Eiferer Maos ihr Heim niederbrannten und ihre Eltern verfolgten. Sie haben nichts vergessen.

So stehen die ehemaligen Roten Garden — die jungen Leute der sechziger Jahre — zwischen den Alten und den Jungen ... eine verlorene Generation ohne Erziehung, zu jung, um aufs Altenteil geschickt zu werden, von Zynismus geprägt, desillusioniert, und bei vielen schwelt dicht unter der Oberfläche ein Haß, der nur darauf wartet, angefacht zu werden.

Zählt man diese Millionen zu den Heranwachsenden und den jungen Leuten bis Mitte zwanzig hinzu, dann kommt eine halbe Milliarde Menschen in der Altersgruppe zwischen 18 und 35 zusammen, die nach eigenen Aussagen »entfremdet, zynisch und überflüssig« sind.

Der Bericht eines Soziologen der Harvard-Universität, der ein Jahr in China verbrachte, geht nicht nur ausführlich auf die Probleme ein, denen sich die Führung gegenübersieht, sondern auch auf die Chance, die sich uns bietet.

»Der junge Mensch«, so führt Dr. Thomas Gold aus, »der von seinem Beruf nicht gefordert wird, verbringt die meiste Zeit mit Klatsch und Tratsch, zum Beispiel, welcher der Kaderleute mit welcher Angestellten schläft, oder er versucht, auf der Straße Kassetten zu tauschen.«

In den chinesischen Städten fand er drei Typen junger Chinesen:

1. Die ehemaligen Roten Garden, die »verlorene Generation« der Kulturrevolution Maos aus den sechziger Jahren. Er nennt sie eine »Bedrohung für die Stabilität und ein potentielles Hindernis für die Modernisierung —, erfahren in Mitteln der Zerstörung, um Aufmerksamkeit zu erregen. Manche setzen offen ihre politische Aktivität und selbst Gewalttätigkeit fort.«

2. Teenager, die während der Kulturrevolution geboren wurden, deren Erziehung durch diese Ereignisse abgebrochen wurde. Ihnen »scheint ein soziales Gewissen oder ein Sinn für höhere Ziele abzugehen. Viele halten Politik für gefährlich und konzentrieren sich auf die Schularbeit, andere jedoch gleiten ins Verbrechen ab in einem Maße, daß die Menschen in den Städten Angst haben, bei Nacht allein auf die Straße zu gehen.«

3. Der mittleren Gruppe attestiert Dr. Gold eine bessere Grundausbildung und eine bessere moralische Haltung, doch sei sie ebenso tüchtig im Protestieren wie die ehemaligen Roten Garden. Noch sind sie keine »verlorene Generation«, meint Gold, doch die Leistungen der Regierung werden ihre Loyalität diktieren.[3]

Eine ähnliche Feststellung wurde in der Zeitschrift »Newsweek« veröffentlicht. »Yang Ming war ein zwanzig Jahre alter Oberschulabsolvent mit einer Leidenschaft für Motorräder. Da er aber keine Arbeit und kein Geld zum Kauf eines Motorrades hat, stiehlt er Motorräder und unternimmt damit Spritztouren in der Gegend von Shanghai. Die neunzehnjährige Lu Wei wollte in den Vereinigten Staaten leben, doch ihre Hoffnungen zerbrachen schnell, als ein in den USA lebender Verwandter nicht bereit war, für sie zu bürgen. Nun ist sie frustriert. 'Ich glaube nicht an den Marxismus oder an irgendeine Religion', bemerkt sie bissig. 'Ich glaube nur an gute Beziehungen zur Verwaltung. Das ist das Geheimnis, wie man hier vorankommt.'

Kleidung, Verhalten und Zielsetzungen weisen einen großen Teil der Jugend Shanghais als andersgearteten Nachwuchs im heutigen China aus. Junge Männer und Frauen tragen hautenge Shirts in knalligen Farben und grellen Mustern, prall sitzende Hosen und modische Sonnenbrillen. Viele legen Wert darauf, im Restaurant westliche Speisen zu essen, selbst wenn sie für gewöhnlich Schwierigkeiten mit Messer und Gabel haben. Natürlich passen viele Jugendliche nicht in dieses Schema. Sie halten sich an den Kleidungsstil und die parteitreue Haltung der vorigen Generation. Doch ungezählte Jugendliche sind wirklich eine 'neue Generation' — begierig auf Unterhaltung und politisch abgestumpft, morsch und zynisch.

Vielleicht ist ihr Zynismus verständlich. Vor nicht allzu langer Zeit bildete ihr Gegenstück die Speerspitze der Kulturrevolution — von Mao-Tse-tung mobilisiert, um China von seinen widerspenstigen bourgeoisen Sitten zu säubern. Millionen von Jugendlichen um Shanghai wurden von Mao und später von der Viererbande, die ihr Zentrum in Shanghai hatte, für die fanatische Kampagne gegen Kapitalismus und Pragmatismus rekrutiert. Nun hat die Geschichte die Kulturrevolution auf den Abfallhaufen gefegt und die gegenwärtige Generation in einem Zustand der Unsicherheit über die eigene Zukunft zurückgelassen. 'Wir sind eine überflüssige Generation, das wissen wir', meinte ein einundzwanzigjähriger Arbeitsloser. 'Für uns ist wenig Platz in der Gesellschaft, deshalb haben wir keine hochgesteckten Ziele.'

Manche der rebellischen Jugendlichen sind Hochschulstudenten, andere arbeiten in Fabriken oder auf staatlichen Farmen. Viele haben keine Arbeit. Gemeinsam ist ihnen allen aber die Klage, daß die Kommunistische Partei Chinas in ihren Augen dem Volk gegenüber versagt hat. Manche haben sich dem Kapitalismus verschrieben, weil sie glauben, daß dieser Weg zu gutem Essen, flotten Autos, komfortablen Häusern und leichten, gutbezahlten Arbeitsplätzen führt. 'Die jungen Leute hier sind aalglatt und egoistisch und haben nichts als Konsumgüter im Sinn', sagte ein in Shanghai lebender Amerikaner.

Da ihrer Meinung nach ihr Leben jeglichen Sinnes und jeglicher Führung beraubt ist, stürzen sich Shanghais junge Leute auf eine Philosophie der Selbstbedienung. 'Es reicht nicht aus, Arbeit zu finden, Geld zu verdienen, eine nette Freundin zu finden und ein angenehmes Leben zu genießen', äußert sich ein Teenager. Die Jugend der Stadt scheint selbst in Fragen der Ehe materialistisch zu denken. 'Unsere idealen Partner sind nicht unbedingt die Typen mit Verstand und gutem Aussehen', gestand eine junge Frau. 'Sie müssen vielmehr aus einer Familie mit etwas Vermögen stammen. Am wichtigsten ist, daß sie eine geräumige Wohnung haben.'

Ganz oben in der Rangliste der »notwendigen Bedürfnisse« steht für die jungen Leute in Shanghai das Motorrad — das jüngste Statussymbol Chinas. Yang Ming und seine Freunde entdeckten, daß sie das Schloß an einem Motorrad mit einem Eßstäbchen aufbekamen. Nach dem Diebstahl von fünf Motorrädern wurde Yang Ming gefaßt, ins Gefängnis gesteckt und zu einer Geldbuße von $ 40 verdonnert. Dank seinem Vater, einem Parteifunktionär der mittleren Ebene, wurde Yang Ming wieder freigelassen, nachdem er zwei Wochen seiner Strafe abgesessen hatte, und die Geldstrafe wurde gestrichen.

Solche Bagatellvergehen sind unter jungen Leuten in Shanghai heute gang und gäbe. Doch es gibt auch noch Jugendliche, die sich nicht den rebellischen Elementen angeschlossen haben. Eine kleine Minderheit hält an den konventionellen Idealen fest, obgleich das Schwergewicht mehr auf Patriotismus als auf Maoismus liegt. Sie wollen China 'reich und stark' sehen, wie einer es ausdrückte. Sie sagen, daß sie das gegenwärtige Gesellschaftssystem beibehalten wollen, jedoch mit Reformen, die auch eine liberalere Politik gegenüber persönlichen Belangen umfassen. Sie sehen nicht ein, warum ihr Land mit seiner reichen Zivilisation und den riesigen natürlichen Schätzen nach dreißig Jahren Kommunismus immer noch die 'kranke alte Jungfer' Asiens bleiben soll. Das mögen einsame Stimmen sein. Für die gegenwärtige Führung jedoch bilden sie einen Hoffnungsschimmer inmitten eines Ozeans von jugendlichem Zynismus und jugendlicher Verzweiflung.«[4]

Worauf können die 650 Millionen junger Leute in China nun hoffen?

Wie sieht es mit weiterführender Erziehung aus? 210 Millionen sind im Schulalter, doch nur 50 Prozent von ihnen können in Oberschulen aufgenommen werden. Von den 50 Prozent, die eine höhere Schule durchlaufen, gehen nur 3 Prozent an eine Hochschule. Die meisten von ihnen sind bevorzugte »Söhne der Revolution«, das heißt, Kaderführer und Kinder von Offizieren der Volksbefreiungsarmee.

Der »People's Daily« berichtet: »Die überwiegende Mehrheit derer, denen die Türen der Hochschulen verschlossen bleiben, sind ohne Aussichten, verstört und verzweifelt über ihre Zukunft. Wie kann man von ihnen erwarten, daß sie den Sozialismus attraktiv finden und nicht ideologischer Verwirrung zum Opfer fallen?«

Heirat?

Die Männer müssen dazu siebenundzwanzig sein, die Mädchen mindestens zweiundzwanzig. Die Chancen, daß sie es zu einem eigenen Heim bringen, sind minimal bis null. Sie werden intensiv »ermuntert«, nur ein Kind zu haben. Die »Ermunterung« ist praktisch eine staatliche Politik der Geburtenkontrolle. Eine Wahlmöglichkeit gibt es nicht, wie aus den nachfolgend zitierten Berichten aus chinesischen Zeitungen der jüngsten Zeit hervorgeht.

— Eine Arbeiterin in einer Kommune wurde kürzlich nach der Geburt ihres vierten Kindes aus der Kommunistischen Partei ausgeschlossen. Sie sagte, lieber verzichte sie auf die Parteimitgliedschaft, als daß sie keinen Sohn habe.

— Funktionäre warnen, daß Ehepaare, die die Politik der Geburtenkontrolle mit dem Ziel von einem Kind pro Familie nicht befolgen, nach den in der Provinz Shanxi verkündeten neuen Vorschriften mehr als fünfzehn Prozent ihres Lohnes einbüßen.

— Ein weibliches Parteimitglied, das die Politik von »Einem-Kind-Pro-Familie« nicht befolgt hatte, wurde für ein Jahr als Mitglied auf Probe abgestuft.

Die »Ermunterungen« stützen sich auf Artikel 49 der Verfassung, der sich in der Interpretation der Pekinger Presse wie folgt liest: »Ein Ehepaar, das die Familienplanung nicht einhält und mehr als ein Kind hat, ist mit einer Geldbuße zu belegen. Ein zweites Kind ist nur in besonderen Ausnahmefällen erlaubt, und weitere Geburten haben überhaupt zu unterbleiben.« Das Zitat stammt von einer vom Zentralkomitee der Partei und dem Staatsrat erlassenen Anweisung. Zuwiderhandlung wird als konterrevolutionär angesehen.

In China wollen junge Paare nicht einfach ein Kind, sondern ein männliches Kind. Ein Sohn wahrt nicht nur die Familienlinie, sondern garantiert soziale Sicherheit. Was aber geschieht mit den Mädchen, wenn Familien nur noch ein einziges Kind haben dürfen?

Der folgende Bericht in der Zeitschrift 'Newsweek' vom 21. Februar 1983 vermittelt eine Vorstellung davon. »An einem kalten Abend im vergangenen Dezember warf in der Provinz Shandong der Bauer Liu Shunsan, ein Analphabet, seine vierjährige Tochter in einen Brunnen. Nach der 'China Youth News' ließen ihn ihre Schreie 'Papa, Papa' ungerührt. Er 'zündete sich in aller Ruhe eine Zigarette an und schaute in den Brunnen, bis er sicher war, daß das Kind nicht mehr lebte.' Liu hatte seiner eigenen Überzeugung nach gute Gründe, sein einziges Kind zu töten: Seine Frau erwartete wieder ein Kind, und ein Wahrsager im Ort hatte ihm versichert, daß es 'ein Sohn werde'. Um nicht Gefahr zu laufen, den von örtlichen Funktionären für Familienplanung verlangten Abbruch der Schwangerschaft, mit dem die Regel des Einzelkindes durchgesetzt werden soll, vornehmen lassen zu müssen, sah er nur diesen einen Weg, um sich einen Erben zu sichern. 'Ohne einen Sohn können die Generationen nicht weitergereicht werden', sagte er vor dem Gericht, das ihn zu Beginn dieses Monats zu 15 Jahren Haft verurteilte. Liu ist auch heute noch ohne Sohn. Das Kind, das kurz nach dem Mord zur Welt kam, war wiederum ein Mädchen.

Erschreckende Berichte über junge Mädchen, die im Fluß ertränkt, im Schlaf erstickt oder einfach auf dem Feld ausgesetzt wurden, tauchen in regelmäßigen Abständen in der chinesischen

Presse auf als Bestätigung eines amtlichen Kreuzzuges gegen eines von Chinas ältesten sozialen Lastern, dem Mord an weiblichen Kindern. Unter dem Druck der rigorosen Vorschriften zur Geburtenkontrolle haben Eltern dem Vernehmen nach weibliche Säuglinge verstümmelt, um Ausnahmeregelungen zu erlangen, die ein zweites Kind erlauben, wenn das erste mißgebildet zur Welt kommt. Auch zu einer anderen uralten Praxis wird Zuflucht genommen — Kauf und Verkauf von Kindern an Junggesellen, die keine Frau finden, oder an kinderlose Ehepaare. Eine ganze Anzahl von Berichten gibt Aufschluß darüber, wie Frauen von ihren Ehemännern gequält oder getötet wurden aus Wut darüber, daß sie keinen Sohn gebaren, der den Familiennamen weiterführt.

Schlagworte wie 'Die Zeiten sind nun anders; Jungen und Mädchen sind gleich' werden intensiv propagiert, um so alteingefressene Sprichwörter auszutilgen wie 'Ein Junge kann auf seinen Schultern einen Dachbalken tragen, ein Mädchen kann nicht einmal einen Türrahmen stützen'. Es gibt auch im Rahmen der Fortbildung Ausstellungen, vor allem auf dem Lande, die beweisen, daß letztlich der Same des Mannes das Geschlecht des Kindes bestimmt. Diese Kampagne ist nicht einfach nur moralischer oder akademischer Natur. Nach einer neueren Studie wird, wenn die gegenwärtige Politik des Einzelkindes anhält, China im Jahre 2010 auf jeweils 100 weibliche Bewohner 169 männliche im heiratsfähigen Alter haben. Die sozialen Probleme, die sich aus einem derartigen Ungleichgewicht wie aus dem Bevölkerungswachstum ergeben, beginnen Chinas Planer langsam zu beunruhigen.«

Nicht nur die westliche Presse veröffentlicht Belege über ein Verbrechen, das mit dem Odium einer Kombination von Herodes, Hitler und Stalin behaftet ist.

Artikel, die aus der chinesischen Presse selbst zusammengestellt wurden, unterstützen die Beweise für eine sich anbahnende, unvorstellbar beschämende Tragödie.

— »In der Stadt Shenyang nahmen sich zwei Frauen das Leben, nachdem sie von ihren Männern gequält worden waren, weil sie Mädchen zur Welt gebracht hatten. Zwanzig derartiger Fälle ereigneten sich in dieser nordwestchinesischen Stadt im Jahre 1982.«

— »Immer mehr chinesische Krankenhäuser sind heute in der Lage, das Geschlecht des ungeborenen Kindes festzustellen. Mehr und mehr gehen Eltern die Schwangerschaft abbrechen lassen, wenn der Test ergibt, daß das Ungeborene ein Mädchen ist.«

— »Ein Vater verstümmelte seine acht Monate alte Tochter, indem er ihr ein Stück der Nase abbiß. Damit wollte er erreichen, ein zweites Kind haben zu dürfen, von dem er hofft, daß es ein Junge wird.«

— »Wan Chuwen, ein 26 Jahre alter Arbeiter aus Dandong in der Provinz Lianoning, wurde schuldig gesprochen, weil er seine kleine Tochter aus Gründen der ‚sozialen Bedeutung' getötet hatte. Hier schlägt noch immer die feudale Vorstellung durch, die Männer über Frauen und Söhne über Töchter stellt.«

— »Ein Vater, der einen Sohn anstelle der Tochter haben wollte, wurde zu 13 Jahren Gefängnis verurteilt, weil er sein zwei Monate altes Töchterchen erstickte und ihren Leichnam in einen Brunnen warf.«

— »Die bösartigste Bestrafung, von der bisher berichtet wurde, war die versuchte Ermordung einer jungen Frau in Nordchina durch elektrischen Strom. Um sie dafür zu bestrafen, daß sie ein Mädchen geboren hatte, setzte ihr Mann den Griff an der Wohnungstür unter Strom.«

Allgemein wird zugegeben, daß die nächsten drei Jahre für die Bevölkerungspolitik Chinas von ausschlaggebender Bedeutung sind, wenn die Bevölkerung bis zum Ende des Jahrhunderts unter 1,2 Milliarden gehalten werden soll. In diesen drei Jahren werden 78 Millionen junge Chinesen — diese Zahl entspricht der Bevölkerung von Ost- und Westdeutschland zusammen — eine Familie gründen.

Manche Chinesen sind beunruhigt über die Tatsache, daß Schwangerschaftsabbrüche in Beijing allzu verbreitet sind. Funktionäre meinen dazu: »Sie sollten nicht als normale Methode der Geburtenkontrolle angesehen werden.« Nach einer Erhebung über mehr als 15 000 Schwangerschaftsabbrüche wurden 40% an Frauen vorgenommen, die schon vorher einen derartigen Eingriff hatten vornehmen lassen, und bei manchen Frauen waren es bis acht Eingriffe. Ein hoher Anteil wurde an Frauen vorgenommen, die schon kurz nach der Geburt eines Kindes wieder schwanger wurden, weil die verbreitete Vorstellung herrscht, in dieser Zeit sei eine Empfängnisverhütung nicht notwendig.

Am Ende des Jahres traf eine vom Gesundheitsministerium

durchgeführte Fachkonferenz folgenden Entschluß: »Für unverheiratete Frauen sollten Schwangerschaftsabbrüche erleichtert werden. Sie dürfen nicht erniedrigt, kritisiert oder bei ihrem Arbeitgeber oder anderen Behörden gemeldet werden. Der Anteil von Abtreibungen bei unverheirateten Frauen beträgt in manchen städtischen Gebieten wie Beijing oder Shanghai bis zu siebzig Prozent aller Schwangerschaftsabbrüche. Mädchen im Teenageralter, die voreheliche Beziehungen haben, werden manchmal als straffällig betrachtet und in Sonderschulen oder auf Umerziehungsfarmen geschickt ... manche Frauen waren über ihre Behandlung in staatlichen Kliniken so verstört, daß sie mit Selbstmord drohten. Manchmal suchen sie Zuflucht bei Personen, die illegale Eingriffe vornehmen, oder bitten einen Arzt, in aller Stille eine Abtreibung durch 'kuanxi', das heißt Verbindungen durch die Hintertür, zu arrangieren, wobei keine Fragen gestellt werden.«

Die Schrecklichkeit jeder Abtreibung wird vielleicht nur noch in den Schatten gestellt durch den Kindermord an weiblichen Säuglingen.

Fünfzehn Bauersfrauen aus einem kleinen Dorf in Zentralchina erklärten öffentlich der Regierung in Beijing, sie würden lieber sterben als auf die Möglichkeit verzichten, einem Jungen das Leben zu schenken.

Frauen aus einem Dorf in der Provinz Anhui erklärten, daß sie als Mutter von Töchtern »keinen Status haben und Zielscheibe für Mißhandlungen durch ihren Mann, die Schwiegermutter und sogar die eigenen Eltern sind.« In der chinesischen Presse wimmelt es von ähnlichen Geschichten. Funktionäre geben zu, daß ihre Bevölkerungskontrolle zum Scheitern verurteilt ist, solange Männer den Frauen gegenüber als höherwertig angesehen werden.

Die nachstehend aufgeführten Fakten sind furchtbar:

1. Angesichts des massiven Widerstandes gegen die Politik des Einzelkindes vor allem in der Provinz Guangdong mit einer Bevölkerung von mehr als 59 Millionen ließ die Provinzregierung über Radio Kanton am 14. Mai eine Anordnung verbreiten, daß jede Frau, die das zweite Kind erwartet, die Schwangerschaft abbrechen lassen muß.

2. Ebenfalls in Guangdong wurden zwei Frauen wegen »Zauberei« für 15 Tage eingesperrt, weil sie schwangere Frauen dazu bewogen hatten, vor den Mitarbeitern der Familienplanung zu flüchten. Bis auf 9 wurden dort später bei 325 Frauen mit nichtgenehmigter Schwangerschaft Abtreibungen vorgenommen.

3. In manchen Dörfern wird neben dem Bett einer Gebärenden ein Eimer mit Wasser bereitgestellt. Ist das Neugeborene ein Mädchen, wird es sofort ertränkt. Andere Eltern setzen ihre Säuglinge in Höhlen, auf freiem Feld oder in bergigem Gelände aus, töten sie durch Erwürgen oder Vergiftung oder werfen sie in öffentliche Toiletten.

Zum Schluß noch ein Beispiel für die Politik der Regierung zur Geburtenkontrolle, das in der amtlichen chinesischen 'Volkszeitung' unter der Überschrift 'Laufende Nachrichten' veröffentlicht wurde. Der Artikel berichtet von einem Vorfall in der Provinz Henan, wo die örtlichen Parteistellen die Durchsetzung der Kampagne zur Geburtenkontrolle sehr lax handhabten. Als die lokalen Kader entdeckten, daß 3000 Frauen mehr schwanger waren als die Quote für das laufende Jahr erlaubte, ordneten sie plötzlich eine Bewegung »Auskehr der Bäuche« an. Den 3000 Frauen wurde befohlen, die Schwangerschaft sofort abbrechen zu lassen; unter ihnen auch einer Frau im neunten Monat der Schwangerschaft. Einige Frauen flohen und versteckten sich. Als die Kader anrückten, organisierten die Kinder in der Nachbarschaft eine Anti-Regierungs-Miliz, um die werdenden Mütter zu warnen und ihnen bei der Flucht zu helfen.

In Anbetracht der Chancen, die jungen Leuten in bezug auf Erziehung, Ehe, Gründung einer Familie und anderen Möglichkeiten des Lebens offenstehen, die für uns selbstverständlich sind, ist leicht zu verstehen, warum eines der meistgesuchten Bücher in China 'Joni' ist, die Geschichte eines jungen querschnittgelähmten Mädchens. Das Buch wurde illegal übersetzt, Kopien werden von Hand angefertigt, weitergereicht und kapitelweise gelesen. Die jungen Leute sehen in dieser jungen Frau eine Parallele zu ihrer eigenen Notlage. Sind sie doch ebenfalls »verkrüppelt« (gelähmt) durch einen »schrecklichen Unfall« (Kommunismus). Sie sind an einen Rollstuhl (die Parteiführung und das System) gefesselt. Sie können nicht frei stehen und gehen. Doch in 'Joni' »erkennen wir einen Menschen, der all die Pein und den Kummer überwunden hat. Wir verstehen sie.«

WEN WOLLEN WIR ERREICHEN?

Wir sprechen von ungefähr einer Milliarde Menschen mit einem Durchschnittsalter von 28 Jahren. Menschen, die nie unter einem anderen System lebten als dem Kommunismus, nun aber anfangen, sich gegen dieses System aufzulehnen. Ganz gleich, was Mao oder Teng oder Tua oder selbst Hudson Taylor mit ihnen gemacht haben, nun sind sie in unserer Verantwortung. Was werden wir mit ihnen tun?

»Entfremdet«, »zynisch« und »der Schlagworte überdrüssig« sind einige Adjektive, mit denen sie beschrieben werden, doch darüber hinaus schilderte ein Funktionär sie so: »Eine saubergewischte Schiefertafel, die nur darauf wartet, bis der erste kommt, der etwas Sinnvolles daraufschreibt.«

Der Griffel ist in unserer Hand!

WER KANN SIE ERREICHEN?

Wie muß der Mensch beschaffen sein, der befähigt ist, einen solchen Griffel zu halten? Wie erwirbt man das Privileg, den Namen Jesu Christi auf die »saubergewischte Schiefertafel« zu schreiben?

Ein kleiner Rückblick auf die chinesische Geschichte mag uns einige Hinweise geben.

China hat die Große Mauer, ein Befestigungswerk, das sich über 1 500 Meilen vom Golf von Chihil am Gelben Meer bis zum Tor nach Zentralasien erstreckt. Sie stellt das größte Bauwerk dar, das je von Menschenhand errichtet wurde, das einzige Objekt auf Erden, das Astronauten zu erkennen vermochten. Die Große Mauer wurde dreihundert Jahre vor Christus gebaut, zu einer Zeit also, da es noch keine Räumfahrzeuge, Raupenschlepper und Gewerkschaften gab.

Da gibt es den Großen Kanal, der sich über 1 200 Meilen erstreckt und 589 Jahre nach Christus angelegt wurde. Noch immer mußte ohne Räumfahrzeuge, Raupenschlepper und Gewerkschaften gearbeitet werden. Er wurde im Schweiße des chinesischen Volkes ausgehoben. Beide sind eine bildhafte Darstellung einer

Nation, die weiß, daß sie einen Preis zahlen muß, um eine Aufgabe zu bewältigen.

Viel näher liegt zeitlich der Große Marsch, der Eckstein der maoistischen Mythologie. Im Jahre 1934 waren Mao und seine kommunistische Armee von den Streitkräften Chiang Kai-schecks eingekesselt. Die Kommunisten teilten sich in zwei Teilkräfte und machten sich auf den Weg nach Norden, um die kommunistische Hauptstadt Yenan zu erreichen, die 6000 Meilen entfernt lag. Es gab weder Eisenbahnzüge noch Busse, und in vielen Fällen nicht einmal Schuhe. Sechstausend Meilen durch wilde, gebirgige Sumpfgegenden, durch Schnee, Eis und Dreck. Um die Sache noch entmutigender zu machen, waren in den verschiedenen Provinzen entlang des Weges zehn Armeen der nationalchinesischen Streitkräfte stationiert. Maos Truppen durchquerten zu Fuß achtzehn Gebirgszüge, vierundzwanzig Flüsse — ohne die Hilfe von Flößen — und führten dabei mindestens einen Kampfeinsatz täglich. In einem Falle mußten sie beispielsweise eine 100 Meter lange Hängebrücke überqueren, die an sechzehn Eisenträgern aufgehängt war. Sie bildete den einzigen Weg nach Yenan. Auf der gegenüberliegenden Seite befanden sich Maschinengewehrstellungen, um die Überquerung zu verhindern. Maos Truppen schlangen sich die Waffen über die Schulter und begannen, sich Hand über Hand an der Brücke entlangzuhangeln. Wenn einer durch einen MG-Treffer in den Fluß stürzte, nahm ein anderer seinen Platz ein. Schließlich gelangte einer ans andere Ufer und nahm das MG-Nest unter Beschuß.

Eine andere Brücke war mit Paraffin präpariert; als Maos Truppen mit der Überquerung begannen, wurde sie in Brand gesetzt. Die Soldaten traten die Flammen aus, indem sie hindurchrannten.

Einhundertdreißigtausend begannen den großen Marsch. Zwanzigtausend kamen bei den Höhlen von Yenan an.

Wie sagte doch Mao? »Revolution ist keine Dinnerparty.« Sie waren bereit, für ihren Führer und ihre Ideologie zu sterben. Wie aber steht es mit den Menschen? Letztendlich wird die Geschichte durch marschierende Armeen weit weniger verändert als durch einzelne Persönlichkeiten.

Eine solche Persönlichkeit war ein junger Russe mit dem Namen Michail Gusenberg, später Michael Borodin genannt. Er war Lehrer in Indiana und Chikago gewesen und sollte dann Untergrundkurier für die Partei werden in den Vereinigten Staaten.

Im Jahre 1923 schickte ihn Lenin als Berater nach China, wo er bei der Reorganisation der Kuomintang zu einer starken, disziplinierten und zentralisierten Partei helfen sollte. Seine Schüler waren Sun Yat-sen, Chiang Kai-scheck und ein junger Vietnamese namens Ho Chi Minh.

Ein amerikanischer Korrespondent interviewte Borodin. Der Inhalt verrät uns mehr über die Art von Missionaren, die über die notwendige Glaubwürdigkeit verfügen, um auf den Ruf der Hausgemeinde »kommt und helft uns« zu antworten.

»Mr. Borodin, es heißt, Sie seien hier, um China zu übernehmen. Meine Zeitung möchte erfahren, ob dies stimmt, und wenn nicht, warum sind Sie dann gekommen?«

»Das ist einfach«, entgegnete er. »Wenn Sie sagen, meine Kollegen und ich hätten vor, dieses Land zu übernehmen, dann ist die Antwort nein. Wenn Sie aber sagen, daß wir glauben, unsere Ideen würden eines Tages dieses Land bestimmen, dann lautet die Antwort ja. China hat Jahrhunderte hindurch gelitten. Es braucht Hilfe. Wir sind darum gebeten worden, und wir wollen diese Hilfe leisten. Darum bin ich hier. Haben Sie dagegen etwas einzuwenden?«

»Nein«, erwiderte ich und versuchte, lässig zu wirken. »Aber haben Sie eigentlich eine Ahnung von dem, was Sie da vorhaben? Ich bin hier geboren, ich weiß Bescheid. Was glauben Sie, wie viele Menschen in diesem Land leben?«

»Ungefähr fünfhundert Millionen. Warum?«

»Erzählen Sie mir nicht, daß Sie ernsthaft vorhaben, ein Fünftel der Menschheit zu beherrschen. Sie sind zu wenig. Sie sind nur eine Handvoll ohne jede Kenntnis über das Land und seine Sprache. Sie schaffen das in tausend Jahren nicht.«

»O doch, wir schaffen das«, lautete die kühle Erwiderung. »Sie vergessen, junger Mann, daß ich nicht um meiner Gesundheit willen hier bin, und ich arbeite auch nicht in barbarischer Hitze. Ich verbringe meine Zeit nicht in Bars und auf Rennplätzen wie die Engländer und Franzosen. Mich interessiert keine Karriere und kein Vermögen wie die Amerikaner. Ich diene einer Ideologie. Mit einer Ideologie im Hintergrund zählt nicht die Menge. Was zählt, ist die Hingabe. Ihr Amerikaner versteht das nicht. Ich habe viele Jahre in Ihrem Land gelebt, ich weiß, wie es dort zugeht. Sie konzentrieren sich auf Komfort und persönlichen Erfolg. Sie hatten die Chance, aber Sie haben sie nicht genutzt. Mich interessiert China. Ich bin hier, um China dabei zu helfen, daß sich die Dinge ändern.«

»Gefällt ihnen Ihre Arbeit in China, Mr. Borodin?«

»Gefallen?« wiederholt er verächtlich. »Eine bourgeoise Frage. Es geht doch nicht darum, ob uns die Arbeit hier gefällt oder nicht. Die Arbeit ist notwendig, nur das zählt. Natürlich ist man fern von den Freunden, den Konzerten und dem Theater, die in Moskau so viel bedeuten. Aber ich bin vor langer Zeit zu dem Schluß gekommen, daß nur der Kommunismus die Antwort für die Welt bereithält, denn der Kommunismus beharrt, anders als die moderne Religion, auf einer Veränderung der Dinge. Und ich habe beschlossen, überall hinzugehen, wo ich am ehesten helfen kann. Die Partei entschied, die größte Hilfe könne ich in China leisten. Deshalb war ich froh, hierher zu kommen. Das und nur das spielt eine Rolle. Beantwortet das Ihre Frage?«

Nach langem Schweigen murmelt Borodin, mehr zu sich selbst: »Wissen Sie, ich habe viel im Neuen Testament gelesen, immer und immer wieder. Das ist die wunderbarste Geschichte, die je berichtet wurde. Dieser Paulus, das war ein richtiger Revolutionär. Ich ziehe meinen Hut vor ihm.« Er machte eine symbolische Geste, und sein langes schwarzes Haar fiel ihm für eine Augenblick über das Gesicht.

Wieder herrschte ein langes Schweigen.

Dann fuhr Borodin plötzlich herum. Sein Gesicht war vor Wut verzerrt, als er mich ansah.

»Aber wo finden Sie ihn denn heute?« schrie er. »Beantworten Sie mir das mal, Mr. Roots. Wo finden Sie ihn denn? Wo? Wo? Wo?«[6]

Michael Borodin starb vergessen in der Sowjetunion. Er stand unter Hausarrest, ein Opfer von Josef Stalins Wahnsinn. Aber seine Frage steht noch immer im Raum: »Wo finden wir Männer wie Paulus«?

Leider traf Borodin nie mit Hudson Taylor oder Jonathan Goforth und den Hunderten von jungen Männern und Frauen zusammen, die nach China gingen, weil auch sie als Botschafter entsandt wurden, aber nicht für Lenin, sondern für Jesus Christus.

China versteht Männer und Frauen, die willens sind, Große Mauern zu bauen, Große Kanäle auszuheben oder auf Langen

Märschen zu sterben, Jünger, die unbekannt leben und ohne Aufhebens im Gefängnis sterben. So müssen die Menschen beschaffen sein, auf die Chinesen hören werden.

DIE ZELTMACHER

Gibt es heutzutage noch solche Menschen? Die Antwort lautet ja. Eine solche Gruppe nennt sich »Zeltmacher«, und einige ihrer Mitglieder arbeiten zur Zeit in China. Es sind beruflich qualifizierte Leute, die als »ausländische Experten« nach China gehen.

Es handelt sich bei ihnen um Menschen besonderer Art mit besonderen Qualifikationen, die kürzlich von einem der in China arbeitenden »Experten« beschrieben wurden. Wir erhalten dadurch einen klare Vorstellung, wer diese Menschen sind.

1. Ein Zeltmacher braucht eine vollmächtige Vorbereitung. Menschen, die für ihre geistliche Nahrung oder Gemeinschaft eine regelmäßige Gemeindeversammlung brauchen, haben hier keinen Platz. Es ist auch kein Platz für Bücher, Zeitschriften, Rundfunk, Tonbänder oder Fernsehen. Jeder, der eine derartige Berufung empfindet und die von der chinesischen Regierung gefordere Expertise besitzt, sollte vor seinem Eintreffen mit der gründlichen Vorbereitung beginnen.

2. Ein Zeltmacher braucht mehr als das durchschnittliche Bibelwissen und muß in der Lage sein, es ohne Zuhilfenahme einer theologischen Bücherei oder sonstiger Hilfsmittel anzuwenden.

3. Ein Zeltmacher sollte ein Leben führen, in dem zuerst gebetet und dann gehandelt wird. Für einen Zeltmacher ist das Gebet nicht die letzte Zuflucht.

4. Ein Zeltmacher sollte mit der Leitung und der wechselseitigen Tätigkeit von kleinen Gruppen Erfahrung haben. Er sollte ebensosehr das Bestreben haben, zu lehren wie zu bekehren.

5. Ein Zeltmacher sollte vor seinem Einsatz schon viel Umgang mit ausländischen Studenten haben. Er muß wissen, wie andere Kulturkreise denken.

6. Ein Zeltmacher sollte vor seiner Ausreise nach China einige Zeit in einer chinesischen Gemeinde verbringen, in chinesischen Häusern essen, eine Zeitlang in einer chinesischen Familie leben

und einige Aspekte des chinesischen Lebensstils übernehmen.

7. Außer Kenntnissen des Mandarin beziehungsweise überhaupt der Fähigkeit zum Erlernen schwieriger Sprachen muß der Zeltmacher die christliche Apologetik studieren. Er muß wissen, warum er glaubt, was er glaubt. Er braucht Kenntnisse über Marxismus, Leninismus, kommunistische Religionspolitik, Christentum und Naturwissenschaft, vor allem über die Darwinsche Evolutionslehre, die Geschichte der christlichen Kirchen Chinas, die Kirche der Patriotischen Bewegung der Dreifachen Selbstbestimmung sowie der Hausgemeinde und ihrer Tätigkeit; und er muß in der Lage sein, auf die Frage wie die, warum Gott das Leiden zuläßt, zu antworten.

8. Ein Zeltmacher muß wissen, was chinesische Studenten lernen.

9. Ein Zeltmacher muß lernen und muß bereit sein, zu Füßen anderer zu sitzen.

10. Der wichtigste Punkt aber ist wohl, daß der Zeltmacher keine kurzfristigen Resultate erwartet. Er beginnt nicht etwas, um zu sehen, ob es ihm auch gefällt.

Funktioniert das? Wieder ist die Antwort: »Ja, es funktioniert.«

Der »ausländische Experte« ist es, der zumindest für die Gegenwart zu den Zeugen gehört. Er wird zutreffend »Zeltmacher« genannt.

JA, ABER...

Auf die Frage, ob in China Missionare eine Zukunft haben, muß die Antwort lauten: »Ja, aber ...«

Wir müssen erkennen, wen wir erreichen wollen. Im wesentlichen sprechen wir über junge Menschen, die einen überwiegenden Teil der Bevölkerung darstellen.

Wir müssen fähig sein, die Gründe, aus denen wir China seinerzeit verloren haben, ins Gegenteil zu verkehren. Wir wurden als Zeugen und Jünger ausgeschaltet, unsere Motivation wurde überrollt. Diesen Prozeß müssen wir umkehren. Nun sind wir an der Reihe, die anderen Zeugen und ihre Motivation auszumanövrieren.

Der Stift liegt in unserer Hand, die Schiefertafel ist abgewischt und bereit für die Botschaft. Doch ehe wir den Stift auf der Schreibfläche ansetzen, sollten wir über ein Gedicht nachdenken, das jemand schrieb, als die Kommunisten Shanghai einnahmen.

Heute Nacht steht Shanghai in Flammen
Heute Nacht sterbe auch ich.
Doch ist kein Tod so gewiß
Wie der in dir selbst.
Manche sterben durch Kugeln
Manche durch Feuersbrunst,
Doch die meisten ereilt der Tod,
Zollweis bei belanglosem Spiel.
(Verfasser unbekannt)

---

[1] Die Hausgemeinde wünscht intensiv Bibellehrer von außerhalb Chinas. Man erkennt, wie notwendig eine auf den Grundlagen aufbauende Unterweisung in Gottes Wort ist.

[2] Fox Butterfield, China: Alive on the Bitter Sea (NYT-Bücher, 1982), S. 126.

[3] 'South China Morning Post', Hongkong, 16. April 1981, S. 3

[4] Newsweek, 17. August 1981.

[6]Roots, John McComb, »Chou, An Informal Biography« (New York, Doubleday 1978, S. 33-35)

9 Lernen wir unsere Lektion!

Es wäre ein tragischer Irrtum, wenn wir nur über die Kirche in China lesen und dann diese Lektion nicht auf unser eigenes Leben, unsere eigene Glaubensgemeinschaft, unsere eigenen Gemeinden übertragen.

Darum ist es so wichtig, auf die Botschaft aus der Kampfarena zu hören und uns dann die Frage vorzulegen: »Welche Lektionen können wir aus den Geschehnissen in China in den vergangenen Jahrzehnten lernen?«

Die Anzahl dieser Lektionen ist groß, doch einige ragen heraus als vorrangiger Lernstoff.

WAS NICHT ÜBERTRAGBAR IST

Bei Diskussionen über die Kirche in China lauten die ersten Entgegnungen meist: »Das könnte hier nie passieren«, oder: »Das sollte in unserem Land geschehen«. Jede Antwort ist eine Mahnung, einmal genau unter die Lupe zu nehmen, was in China wirklich geschah, und zu erkennen, daß der Herr nicht immer dasselbe zweimal auf die gleiche Weise tut. Seine Grundsätze ändern sich nie, aber die Auswirkung dieser Grundsätze auf das Leben der Menschen ändert sich.

Ein wesentlicher Unterschied zwischen China und Ländern wie den Vereinigten Staaten, der Bundesrepubilk Deutschland oder anderen liegt darin, daß sie vorwiegend kapitalistisch orientiert sind; der Kampf in China läßt sich daher auf einfache Weise definieren. Die säubernde Kraft, die in China eingesetzt wurde, war beziehungsweise ist der Marxismus/Maoismus/Leninismus. Maoismus ist eine synthetische Form des Marxismus, eine auf Staatseigentum basierende Wirtschaftspolitik, kombiniert mit der revolutionären Anarchie Lenins.

Marxismus/Leninismus ist im Grunde eine Perversion des Christentums. Der Spannungspunkt in China läßt sich daher ohne große Schwierigkeiten definieren: die Person von Jesus Christus, das wahre Christentum, gegen den Maoismus/Marxismus/Leninismus, die Perversion des Christentums. Die Verbreitung des Evangeliums in China im Angesicht dieser Perversion kann nicht auf sogenannte christliche Länder übertragen werden. Dort liegen das Problem und die Perversion völlig anders.

Im Westen ist das Problem eine Erosion der biblischen Autorität. Sie führt zu dem Glauben, daß der Mensch und nicht Gott die letzte Autorität im Universum ist. Diese Perversion des Wesens im Christentum bildet das große Problem des Westens.

Der große Kampf im Westen besteht nicht in der Person Jesu Christi (dem wahren Christentum) gegen den Marxismus (dem pervertierten Christentum), er spielt sich vielmehr ab zwischen der Person Jesu Christi (dem wahren Christentum) gegen den Materialismus.

Wir erkennen daraus, daß bei dem Versuch, das Geschehen in China auf den Westen zu übertragen, erst einmal das Eingeständnis erfolgen muß, daß unser größter Feind keineswegs der Marxismus ist, sondern der Materialismus. Man könnte ihn als materialistischen Kapitalismus definieren. Wenn wir uns darüber klar sind, dann muß erst unsere eigene Perversion beseitigt werden, ehe wir uns einer anderen zuwenden.

Ein weiterer Punkt sollte hier aufgegriffen werden, der mit der Frage zusammenhängt: »Müssen wir alle die von einem marxistischen Regime ausgeübte Verfolgung erdulden?«

Die Antwort ist nein, zumindest nicht in derselben Form. Dafür gibt es zwei Gründe.

Einmal tritt die Verfolgung grundsätzlich in zwei Formen auf: körperlich und geistig. Vielleicht unterliegen wir in den entwickelten Ländern heute einer größeren Verfolgung, als wir überhaupt gewahr werden. Die Verfolgung ist nicht physischer, sondern geistiger Natur. Schauen Sie sich heute einmal um und stellen Sie sich dann die Frage: »Wieviele glückliche Christen kenne ich eigentlich in Deutschland, in Amerika und anderen westlichen Ländern?« Die Christen in China, aus der Zeit vor und nach der Verfolgung, könnten uns eine bessere Definition von »freudig« geben, als wir es aufzubringen vermögen, die wir doch all die vermeintlichen Freiheiten genießen und dabei nicht erkennen, daß wir in Wirklichkeit Gefangene der Technologie sind, die auf eine Verewigung des Materialismus angelegt ist.

Auf den zweiten Punkt wies ein Mitglied einer Hausgemeinde

hin: »Wenn jedes Land wie China wäre, wer würde dann den Samen aussäen? Unser Land befindet sich heute inmitten einer Erweckung, weil ein Land wie das Ihre, in dem Sie große Freiheit genießen, Männer und Frauen zu uns geschickt hat, die die Aussaat besorgten. Wäre der Same nicht gesät worden, dann gäbe es heute in China keine Erweckung.«

Gefährlich ist es, dem Herrn diktieren zu wollen, wie er seine Aufgaben zu erfüllen habe. Seine Wege entziehen sich nicht nur unserem Verstehen, sie sind auch so verschieden, wie seine Geschöpfe verschieden sind.

GOTT NUTZT DEN ZORN DES MENSCHEN ZU SEINEM LOBPREIS

Den ersten Hinweis erhielten wir 1980, als die angesehene »Far East Economic Review« (15. August 1980) eine Titelgeschichte mit der Überschrift »Zurück zu den Grundlagen« veröffentlichte. Sie befaßte sich mit dem Wiederaufleben der Religion in China. In einem Abschnitt mit dem Titel 'Der Eifer wiedergeborener Christen auf dem Prüfstand' hieß es: »... Diese Anstrengung, die Religion in China auszulöschen, schlug fehl. Katholiken und Protestanten vertreten beide die Ansicht, daß die Christen heute begeisterter sind als je zuvor... In einem vor kurzem in der 'China Youth News' erschienenen Leserbrief werden junge Leute gewarnt, sie müßten 'begreifen, daß Religion Opium für das Volk ist'.«

Inzwischen kritisierte auch die »People's Liberation Daily« Soldaten, die es wagen, den Weg von »... Anarchie und Ultraindividualismus« einzuschlagen — »und sogar so weit gehen, an Christus als geistlichen Trost zu glauben«.

Der Artikel in der FEER erläuterte weiter, welche Einflüsse die frühen Missionare auf diese »Wiedergeburts«-Erweckung in China hatten:

»Ein wenig beachtetes Phänomen im chinesischen Marxismus ist von beachtlicher Bedeutung für die Entwicklung von Chinas nachrevolutionärer Gesellschaft: Der Einfluß des missionarischen Christentums auf die Gestaltung der fundamentalen Vorstellungen von Mao und anderen historischen Führern. Weder Mao noch einer der anderen berühmten Revolutionäre Chinas waren in Missionsschulen erzogen worden, doch unter den Bedingungen des frühen zwanzigsten Jahrhunderts in China war es für einen jungen Mann oder eine junge Frau, die sich Kenntnisse und Ideen über die moderne Welt aneignen wollten, fast unmöglich, das zu tun, ohne dabei unbewußt einige der grundlegenden Begriffe des Christentums in sich aufzunehmen. Die Missionen waren das Instrument, mit dem viele westliche Ideen und Organisationen nach China gebracht wurden — der YMCA (Young Men's Christian Association), die theologischen Seminare, westliche Medizin, Sportorganisationen, Kenntnis der westlichen Musik, Sprachen und Literatur — all das war engstens verknüpft mit dem westlichen Konzept der Zivilisation, die ihre Grundlage im christlichen Glauben hat.«

Der Artikel fährt fort: »Einige Grundideen und Praktiken der chinesischen Kommunisten, speziell unter Mao, zeigen eine Verbindung zu christlichen Prinzipien, die man schwerlich als Zufall abtun kann. Die Bedeutung von Beichte, Selbstprüfung, Ehrlichkeit vor dem Gott/der Partei, Mitgefühl, ideologische Geradlinigkeit ... « ist notwendig.

Einige dieser Züge waren in keiner Weise vorhanden, bis Mao sie aufzwang. Das ist etwas, wozu Missionare vielleicht mehrere Generationen gebraucht hätten.

Mao schuf durch seine Führung auch das bestmögliche Klima in China zur Beeinflussung von Menschen, so zum Beispiel schmerzhaftes Unbehagen oder Ängstlichkeit, das Gefühl der Trennung von einer Gruppe oder dem Rest der Welt, das Gefühl der Inhaltslosigkeit, daß es in Wirklichkeit keine Zukunft gibt: »Was soll's also, laßt uns den Ort niederbrennen oder weggehen.«

Stellen Sie sich einmal einen jungen Menschen vor, der dem Maoismus gegenüber »zynisch, entfremdet und mißtrauisch« ist. Ein Mensch, der die Bedeutung von Bekenntnis, Selbstprüfung, Ehrlichkeit vor (dem) Gott, Mitgefühl und ideologischer Geradlinigkeit begreift. Vermitteln Sie diesem Menschen die richtige Botschaft — um das von Mao ausgehauene Vakuum zu füllen —, die Botschaft von der Person Jesu Christi, und Sie werden wenigstens zum Teil den Grund für die Erweckung verstehen. Mao leistete, obwohl das gewiß nicht in seiner Absicht lag, gute Arbeit bei der Vorbereitung des bevölkerungsreichsten Landes der Welt für die Aufnahme des Evangeliums von Jesus Christus.

Das ist aber nicht alles. Der altgediente Missionar Paul Kauffmann berichtet von seinem Vater, der 1907 nach Tibet ging. Von der Endstation der letzten öffentlichen Transportmittel mußten noch vierzig Tagesreisen mit dem Maultier zurückgelegt werden. Viele Missionare gelangten nie bis ans Ende der harten Reise; sie starben, und ihre Maultiere gingen allein weiter. Dank Mao gibt es heute die berühmte Qinghag-Tibet-Linie, die erste Eisenbahn nach Tibet hinein. Man kann die Reise in einem weichgepolsterten Sitz oder im Schlafwagen zurücklegen. 1949 gab es in China ungefähr 75000 Kilometer befahrbare Straßen; heute stehen für den Transport über 890000 Kilometer zur Verfügung.

Dank Mao ist das Land mit Stromleitungen für den Rundfunkempfang ausgestattet.

1949 gab es in China 300 wichtigere Sprachen und eine Unzahl von Dialekten. Dank Mao gibt es heute nur noch eine Hauptsprache, das Mandarin.

Was Römer und Griechen für die neutestamentliche Kirche leisteten, das leistete Mao für die Kirche des zwanzigsten Jahrhunderts in China.

Kaum ein eindrucksvolleres Beispiel als China gibt es auf der Welt, um uns vor Augen zu führen, was im 76. Psalm, Vers 11 gesagt ist: »Wenn Menschen wider dich wüten, bringt es dir Ehre.«

DER MESSIASKOMPLEX

Robert Lifton weist in seinem Buch über Mao und die Kulturrevolution darauf hin, daß » ... die Antwort des Aktivisten auf den symbolischen Tod — oder was man die nicht gemeisterte Todesfurcht nennen könnte — das Verlangen nach Wiedergeburt ist«.[1]

Die Kulturrevolution war Maos Forderung nach »Wiedergeburt«, nach »Unsterblichkeit«. Er hatte seine Bibel — das »kleine rote Buch«. Er brachte die Menschen dazu, sich vor den Mahlzeiten zu verbeugen und Dank zu sagen für »die Fürsorge des großen Führers«. Seine Reden waren ausgeschmückt mit Worten wie »Dämonen, Teufel«, und er führte einen Konkurrenzkampf gegen übernatürliche Feinde. Er sah sich selbst als Herrn des Universums.

Hierin liegt immer die Gefahr, wenn ein Mensch, der an die Ausübung absoluter Macht gewöhnt ist, auf Grund des natürlichen Alterungsprozesses seine Kontrolle über sich selbst verliert. Wenn ein Mensch sich über alle anderen stellt, dann fängt er tatsächlich an zu glauben, er sei »unsterblich«. Er will nicht sterben. Geschieht dies dennoch, dann will er etwas Unsterbliches hinterlassen, eine Erinnerung an seine Größe. Am allerwenigsten will er vergessen werden.

Wenn dann die Zeit naherückt, wo sich der feste Griff lockert, den er einmal hatte, wenn er mit ansehen muß, daß sich die Leute anderen Führern zuwenden, wenn er anfängt, sich zu fragen, ob er vielleicht am Ende doch nicht unsterblich ist, dann ist er fähig, irgend etwas höchst Unsinniges zu unternehmen, beispielsweise eine Kulturrevolution vom Zaune zu brechen.

Diese Lektion ist es wert, daß man sie lernt. Wir brauchen alle jemand, dem wir verantwortlich sind. Wir müssen unsere Zerbrechlichkeit, die Kürze unseres Lebens erkennen. Eines Tages müssen wir alle das Ruder aus der Hand legen. Wenn wir diesen Punkt erreichen und es versäumen, unsere Unsterblichkeit zu fassen, dann besteht die Neigung, etwas besonders Törichtes zu tun, um den Einfluß zurückzugewinnen, den wir einmal hatten.

Es dürfte für China ein Segen sein, das Maos Kinder im Dienste der Partei eines gewaltsamen Todes starben und so dazu beitrugen, den »alten Mann« unsterblich zu machen. Als Mao starb, war folglich kein Erbe zur Hand, den man dem Volk präsentieren konnte, um das Trugbild der »Unsterblichkeit« weiterzupflegen.

Der Messias-Komplex kann zu einer tödlichen Krankheit werden, die nicht auf die Volksrepublik China und deren System, einer Perversion des Christentums, beschränkt ist.

DIE LEKTION, EIN PILGER ZU SEIN

Man kann auch im zwanzigsten Jahrhundert ein alttestamentlicher Pilger sein.

Die Gläubigen in China verstehen sehr wohl, daß Adam und Eva aus ihrem Heim, dem Garten Eden, vertrieben wurden, nachdem sie gesündigt hatten. Jesus sagte, er werde den Menschen ein neues Heim bereiten, doch in der Zwischenzeit sind wir Pilger zwischen diesen beiden Räumen.

Die Christen in China haben viel Ähnlichkeit mit Abraham, der den Glanz der Stadt Ur hinter sich ließ, um voll Glauben seinen Weg als Pilger anzutreten. Die chinesischen Christen mögen heute nur wenig von einem Heim haben, doch es gibt kaum einen Zweifel, daß sie voller Erwartung dem Glanz jener neuen Heimstatt entgegenblicken, die ihnen zu Füßen ihres Herrn verheißen wurde. Sie erkennen, daß dieses Leben eine Brücke ist. Wir gehen zwar über Brücken, aber wir wollen keine Heimstatt darauf errichten. Jemand hat es einmal so ausgedrückt: »Wir Pilger tragen nur leichtes Reisegepäck mit uns.«

Wie man im zwanzigsten Jahrhundert ein Pilger des Alten Testamentes sein kann, das ist eine Lektion, die sich zu lernen lohnt. China hat uns ein nachahmenswertes Beispiel gegeben.

LEKTION ÜBER VERGEBUNG

Ein erheblicher Teil der Heiligen Schrift befaßt sich mit dem liebenden und vergebenden Gott. Vergebung ist das sichtbare Attribut der Liebe. In der Hausgemeinde Chinas ist sie in besonderem Maße sichtbar.

In der ersten Zeit der Kulturrevolution verschleppten die Roten Garden einen Ehemann und Vater und ließen eine Frau und einen Sohn zurück. Später töteten sie den Sohn, der Vater starb im Gefängnis.

Einige Jahre später hatte der Rotgardist, der für den Tod von Vater und Sohn verantwortlich war und nun zu den Kadern zählte, selbst einen einzigen Sohn. Man muß sich vor Augen halten, welche Bedeutung ein Sohn in der heutigen Gesellschaft Chinas hat — nicht nur als Erbe, sondern auch im Blickfeld der Einzelkind-Politik.

Die Dame, deren Mann und einziger Sohn unter der Führung dieses Kaderangehörigen umgebracht worden waren, erfuhr eines Tages, daß sein einziger Sohn sich in einem kritischen Gesundheitszustand befand. Sie besaß einige Erfahrung darin, Schwerkranke wieder gesund zu pflegen. Mit ihren bescheidenen

Arzneivorräten, doch einem verzeihenden Herzen, ging sie zum Haus des Kadermannes. Drei Tage und zwei Nächte hindurch saß sie am Bett des Sohnes, dessen Vater ihre Familie so grausam zerstört hatte, und pflegte ihn wieder gesund. Sie empfand keinen Haß; sie tat das, weil »das Christus auch für mich getan hat«. (Dieses tatsächliche Geschehnis veranschaulicht, was in ganz China immer wieder möglich ist.) Wie viele Probleme dieser Welt könnten heute gelöst werden, wenn wir es fertigbrächten, diese Lektion der Vergebung ordentlich zu lernen!

Wie sehr erfüllt sich hier, was in Sprüche 25, 21-22 gesagt ist: »Hungert deinen Feind, so speise ihn mit Brot; dürstet ihn, so tränke ihn mit Wasser; denn du wirst feurige Kohlen auf sein Haupt häufen, und der Herr wird's dir vergelten.«

Mir gefiel immer der Passus vom »feurige Kohlen auf das Haupt häufen«. Das klang in meinen Ohren wie Rache — geheiligte Rache. Tatsächlich bedeutet es etwas völlig anderes. In alttestamentlichen Zeiten lebten die Menschen oftmals als Nomaden. Sie besaßen keine Streichhölzer. Eins ihrer wertvollsten Besitztümer waren feurige Kohlen, die sie in einen runden Behälter legten und zu dem Platz trugen, an dem sie ihr Lager aufschlugen. Es gehörte zu den Aufgaben der Frauen, diese Kohlen zu tragen und dafür zu sorgen, daß das Essen zubereitet wurde. Ohne Feuer blieben sie hungrig. Dieser zylindrische Behälter mit den heißen Kohlen war eins der wichtigsten Güter jeder Stammesgruppe, und wenn sie unterwegs Fremde oder Feinde trafen, dann wies Gott sie an, die Kohlen mit ihnen zu teilen, damit sie sich ebenfalls etwas zu essen zubereiten konnten. Sie sollten also ihren kostbarsten Besitz mit jemand teilen, der ihn voll Verachtung benutzen würde.

Diese Frau, die den Sohn des Mannes, der ihren eigenen Mann und Sohn ermordete, durch ihre Pflege wieder ins Leben zurückholte, aber auch Tausende anderer Gläubiger in China geben uns ein Beispiel, das erst der Nutzanwendung bedarf, um voll verstanden zu werden.

Eine weitere Lektion befaßt sich mit der Bedeutung des *Wortes*. Das im Herzen verborgene *Wort* gibt uns einen Schutz, gegen Gott zu sündigen. Immer wieder haben chinesische Christen bezeugt, wie diejenigen, die große Stellen der Schrift auswendig gelernt hatten, in Zeiten der Verfolgung darin Kraft fanden. Einer berichtete: »Wer eine gründliche Kenntnis des Wortes Gottes besaß und in schwierigen Zeiten diese Worte wiederholen konnte, der überlebte auch die schrecklichste Verfolgung. Von denen, die wenig Kenntnis vom Wort Gottes hatten, gaben viele unweigerlich ihren Glauben auf; in vielen Fällen begingen sie Selbstmord.«

EIN ABSCHLIESSENDES ZEUGNIS

Die beste Zusammenfassung der hier angesprochenen Lektion dürfte ein Interview mit einem Christen in China sein, der wegen seines Glaubens an Jesus Christus dreiundzwanzig Jahre und zehn Monate im Gefängnis verbrachte. Er nannte das »eine großartige Universität, wo er viele, viele großartige Lektionen lernte«.[2]

F: Für viele Christen im Westen ist die Vergebung ein ernstes Problem. Wie können wir vergeben, wenn wir nie gelitten haben? Wie sind Sie in der Lage, Vergebung zu üben?

A: Ich erinnere mich nicht an die Fehler derjenigen, die mich gekränkt haben. Ich kann ihnen nachdrücklich vergeben, denn Jesus hat uns gesagt, wenn wir jenen vergeben, die sich gegen uns vergangen haben, dann wird unser Vater im Himmel auch uns unsere Sünden vergeben; wenn man anderen nicht vergibt, wird er auch uns nicht vergeben. Wer mich auch gekränkt hat — ich kann ihm verzeihen.

F: Hatten Sie im Gefängnis Bibeln, in denen Sie lesen konnten?

A: Nein, keine einzige in all den dreiundzwanzig Jahren, die ich dort war. In der ganzen Zeit meiner Gefängnishaft bekam ich nicht ein einziges Exemplar zu Gesicht.

F: Hatten Sie Stücke aus der Bibel auswendig gelernt?

A: Ja, ich lernte viele Stellen aus der Schrift auswendig. Ich betrachte mich nicht als einen, der seine Bibel besonders gut kennt. Ich habe mich darin geübt, lange Textstellen mit vielen Versen zu memorieren, die ich mir dann während der Haftzeit ohne Schwierigkeiten ins Gedächtnis rufen konnte. So fiel es nicht allzusehr ins Gewicht, ob ich eine Bibel besaß oder nicht. Auch wenn ich keine Bibel zur Hand hatte, trug ich doch meine Bibel im Kopf mit mir, und das war, als hätte ich in meiner Haft das Buch bei mir. Natürlich wäre es noch besser gewesen, wenn ich tatsächlich eine Bibel gehabt hätte, weil ich dann jede Einzelheit hätte nachlesen können. Doch ich hatte die wichtigsten Lehren und Verheißungen im Gedächtnis und konnte darauf zurückgreifen, sooft ich wollte. Es bedeutete also zu der Zeit für mich nicht allzuviel, ob ich eine Bibel hatte oder nicht. Ich konnte mir auch viele Choräle, englische wie chinesische, ins Gedächtnis rufen. Allerdings hatte ich nicht die gesamten Choräle auswendig gelernt, meist nur ein oder zwei Verse, denn ich hätte mir nie träumen lassen, daß ich eine so lange Zeit in Haft zubringen müßte. Hätte ich das gewußt, dann hätte ich noch viel mehr Schriftstellen auswendig gelernt.

F: Haben Sie im Gefängnis auch Choräle gesungen?

A: Ja, aber nur leise für mich selbst, um andere nicht zu stören. Beim Umhergehen im Hof sang ich leise für mich.
Er sang dann zwei seiner Lieblingschoräle vor, die er auch im Gefängis gesungen hatte: »Safe in the Arms of Jesus« und »All the Way My Savior Leads Me«.[3]

F: Was hat in all den Jahren Ihren Glauben aufrechterhalten? Gibt es besondere Verse, die Ihren Glauben im Laufe jener Zeit stark hielten?

A: Es gibt viele Schriftstellen, die mir geholfen haben. Ich kann eine große Zahl von Stellen aus der Schrift rezitieren.

F: Welche Verse mögen Sie besonders gern?«

A: Eine Stelle aus dem Propheten Micha, Kapitel 7: »Ich aber will auf den Herrn schauen und harren auf den Gott meines Heils; mein Gott wird mich erhören. Freue dich nicht über mich, meine Feindin! Wenn ich auch darniederliege, so werde ich wieder aufstehen; und wenn ich auch im Finsteren sitze, so ist doch der Herr mein Licht. Ich will des Herrn Zorn tragen — denn ich habe wider ihn gesündigt —, bis er meine Sache führe und mir Recht schaffe. Er wird mich ans Licht bringen, daß ich seine Gnade schaue...«

F: Welche Zeit empfanden Sie als besonders gesegnet?

A: Je stärker ich verhört und angegriffen wurde, desto reichlicher empfing ich seine Gnade. Die Worte der Schrift wurden meine Stärke, nachdem ich gefallen war; Gott versetzte mich durch sein Wort in die Lage, wieder aufzustehen. Petrus fiel nur ein einziges Mal, doch ich fiel jahrelang. Gott sei Dank, daß Petrus vergeben wurde, nachdem er bittere Tränen der Reue vergossen hatte. Ich vergoß keine Tränen, doch in meinem Herzen war ein schneidender Schmerz. Ich bekannte meine Sünden und bereute, und der Herr vergab auch mir. So konnte auch ich mich wie Petrus wieder erheben, obwohl ich elend versagt hatte. Der Fall von Petrus gab mir großen Trost. Er zeigt, daß der Mensch, wenn er fällt, seine größte Schwäche erkennt und der Herr seine Schwäche in Stärke zu wandeln vermag. Paulus sagte: »In meinem Leib ist ein Pfahl. Ich habe oft zum Herrn darum gebetet, daß ich davon befreit werde, doch der Herr sprach zu mir: Laß dir an meiner Gnade genügen, denn meine Kraft ist in den Schwachen mächtig. Ich rühme mich gerne meiner Schwäche, denn in meiner Schwäche werde ich stark.« Ich habe eine lange Zeit des Versagens durchgemacht, aber dank Gott hat sich mein Versagen in Sieg verkehrt, auch wenn ich mich heute nur in dem Herrn rühmen kann. Jeremia sagte: »Ein Weiser rühme sich nicht seiner Weisheit, ein Starker rühme sich nicht seiner Stärke, ein Reicher rühme sich nicht seines Reichtums. Sondern wer sich rühmen will, der rühme sich dessen, daß er klug sei und mich kenne, daß ich der Herr bin, der Barmherzigkeit, Recht und Gerechtigkeit übt auf Erden; denn solches gefällt mir, spricht der Herr.« Erst nachdem ich selbst schwer gefehlt habe, lernte ich auf meinen Gott vertrauen. Heute kann ich mich nur des Herrn rühmen, nicht weil ich stark bin, sondern weil der Herr, nachdem ich gefallen war, mich wieder auf die Beine stellte und mich stark machte. Heute bin ich stärker als vor zwanzig Jahren.

F: Haben Sie in all diesen Jahren irgend etwas von anderen Christen gehört?

A: Ich erhielt keinerlei Nachricht, nicht einen einzigen Brief außer den Briefen meiner Frau und meines Sohnes. Aber selbst sie konnten nicht allzuviel sagen. Auch ich konnte nicht viel schreiben, und wenn ich das tat, dann wurden die Briefe nicht abgeschickt. So war ich von Nachrichten aus der Außenwelt völlig abgeschnitten.

F: Sie meinen also, der Herr habe es als Teil seines Willens zugelassen, daß Sie im Gefängins waren, und Sie glauben nicht, daß er einen Fehler gemacht hat?

A: Keinen einzigen Fehler hat er begangen. Wir wissen, daß »sich für jene, die nach seinem Willen berufen sind, alle Dinge zum Besten wenden«.

F: Wenn Sie nicht im Gefängnis gewesen wären, hätten Sie dann mehr für den Herrn leisten können?

A: Nein, das Werk, das ich vollbrachte, indem ich im Gefängnis war, ist größer als ich es hätte außerhalb der Gefangenschaft vollbringen können.

F: Wurden Sie in Ihrer Gefängniszeit je geschlagen?

A: Es tut mir leid, aber darüber kann ich nicht sprechen. Ich möchte über diesen Aspekt nichts an die Öffentlichkeit gelangen lassen. Gott weiß alles. Nun, da sich die Regierung zum Besseren wendet, möchte ich nichts aus der Vergangenheit erwähnen. Ich will nicht, daß die Welt einen schlechten Eindruck von unserer Regierung bekommt. Da die Regierung sich zum Guten entwickelt, wer bin ich dann, um Vergangenes wieder laut werden zu lassen.

Wir kennen die Lektionen. Werden wir würdige Schüler sein?

---

[1]Robert Lifton, »Revolutionary Immortality« (London, Penguin, 1970) S.22.

[2]Wie schon gesagt, umfaßten die Christen in China, die nach 1948 hinter dem Bambusvorhang lebten, das ganze Spektrum der Gläubigen. Manche waren sehr gut, manche gut, manche durchschnittlich, und manche waren recht dürftige Christen. Unter intensiver Verfolgung erwies sich Leben und Zeugnis der sehr guten Christen als ausgesprochen ansteckend.
Dieses Interview ist ein Beispiel für die letztgenannte Gruppe. Es fand in Shanghai vor einer Gruppe ausländischer Gäste statt und steht vollständig auf Englisch zur Verfügung.

[3]Zweierlei sollte man beachten: 1. Das chinesische Erziehungssystem stützt sich in starkem Maße auf das Auswendiglernen. Da Lernkarten für die Schrift nicht überall verfügbar waren, lernten viele Chinesen große Teile der Heiligen Schrift auswendig. Daher ist das Zeugnis dieses Mannes hinsichtlich des Memorierens durchaus charakteristisch. 2. Neben der Bibel ist ein Gesangbuch ihr kostbarster Besitz. Das galt schon vor 1949.

10 Die Zukunft

MANCHES HAT SICH NICHT GEÄNDERT

Auf den einfachsten Nenner gebracht, bleibt China weiter ein marxistisch-leninistischer Staat, hochgradig kontrolliert und totalitär. Alle politischen Veränderungen, deren Zeuge wir in den vergangenen Jahren wurden, sind schlichtweg instrumentierte Schwingungen, die zur Vorbereitung Chinas auf das kommende »Utopia« notwendig sind. Jede Vorstellung, China werde ein kapitalistisches Land, ist bestenfalls naiv und schlimmstenfalls gefährlich. Jeder Schritt auf den Westen zu ist ein wohlgeplanter Akt, um zu retten, was von einer in den letzten Zügen liegenden Wirtschaft übriggeblieben ist, während man versucht, eine neue Wirtschaft aufzubauen. Dazu kommen einige kosmetische Retuschen, um die verheerende bürokratische Stümperei einer »Elite« zu vertuschen, die nach der marxistischen Lehre gar nicht existieren dürfte.

Wie straff die Führung in Beijing die Zügel nach wie vor in der Hand hält, geht aus der gegenwärtigen Antikriminalitätskampagne hervor.

Anfang August 1983 wurde eine große Zahl verdächtiger Krimineller verhaftet. Innerhalb von zwei Tagen, vom 6.-8. August, wurden in Beijing 3 000, in Shanghai 5 000 und in Tianjim 6 000 verhaftet. Die Gesamtzahl der Festnahmen in diesen ersten Tagen ging wahrscheinlich in die Zehntausende.

Berichte in Beijing sprachen davon, daß den örtlichen Kaderführern in ganz China Quoten angegeben wurden. Sie erhielten den Befehl, eine spezifische Anzahl von »Verbrechern« zu produzieren, so wie sie zu anderen Zeiten Nahrungsmittel oder andere Bedarfsartikel erzeugen mußten. Diesmal lag der Unterschied darin, daß Köpfe leicht zu zählen sind und man nicht wie bei anderen Kampagnen den »Gummimaßstab« anlegen konnte.

Das bedeutete, wenn jemand in einer Gegend mit niedriger Kriminalität lebte, wo die Menschen gesetzestreu waren, konnte er wegen eines Verbrechens verhaftet werden, das er vielleicht sogar gestanden hatte, ein Geständnis, das zwanzig Jahre vorher unter Folter niedergeschrieben worden war.

In welchem Maße die Furcht in den Herzen der Menschen eingekehrt ist, wird deutlich, wenn ein Ausländer versucht, mit den Leuten auf informeller Basis in Kontakt zu kommen. Ein Tourist brachte zwei Tage in Shanghai mit dem Versuch zu, wenigstens in Blickkontakt mit chinesischen Bürgern zu kommen. Zwei Jahre früher konnte man sich der Menge kaum erwehren, nun war es genau umgekehrt.

Dabei wird eine Pyramide geschaffen, bei der die verhafteten Personen verschiedene kriminelle Ebenen bilden. An der Spitze rangiert die Todesstrafe.

Die Antikriminalitätskampagne wurde offiziell von der Partei auf der Zweiten Plenarsitzung des Sechsten Nationalen Volkskongresses befohlen, der in Beijing neun Tage versammelt war und am 2. September zu Ende ging.

Dieser Kongreß autorisierte das neue Ministerium für Nationale Sicherheit (das dem KGB entspricht), die Verantwortung für die Ermittlung gegen Spionageverdächtige zu übernehmen. Gleichzeitig wurde eine Resolution verabschiedet, mit Durchführungsbestimmungen für verschiedene Strafen gegen kriminelle Elemente, die »den Frieden der Gesellschaft ernstlich gefährden«. Hierin war auch die Todesstrafe enthalten, die bis dahin nicht in den Bereich der Rechtsprechung lokaler Funktionäre fiel.

Das hat zur Folge, daß die an der Spitze der Pyramide Stehenden hingerichtet wurden und noch immer werden. Wer hingerichtet wird, das hängt von der Schwere der Verbrechen von jenen ab, die auf den unteren Ebenen der Pyramide angesiedelt sind.

Die ersten Exekutionen von der Pyramidenspitze fanden in Beijing am 23. August 1983 statt, und zwar 30 Kriminelle vor einer Zuschauermenge von über 100000. Viele Hinrichtungen folgten, darunter auch eine, die von Ausländern auf einer »Privatreise« beobachtete wurde. Sie berichteten, daß die Leute auf die Straße befohlen wurden, um zuzuschauen, wie Lastwagen mit auf dem Fahrhaus montierten Maschinengewehren vorbeifuhren. Zwischen jedem dieser Lastwagen, auf denen auch Soldaten der Volksbefreiungsarmee saßen, befand sich ein LKW mit zwei Gefangenen. Sie standen vorne mit dem Gesicht zur Menge. Die Hände waren ihnen auf den Rücken gebunden. Mit einem Strick um den Hals wurde ihnen der Kopf hochgehalten. Zwei Polizisten faßten sie an den Schultern. Auf Bannern, die über ihnen angebracht waren, fanden sich ihre Verbrechen aufgedruckt. Von den vierzig Lastwagen dieser Parade beförderten zweiundzwanzig je zwei Gefangene. Sie wurden zu einem öffentlichen Park befördert, wo sie niederknien mußten. Eine Kugel vom Kaliber 45 setzte ihrem Leben ein Ende.

Beobachter berichteten, wenn man »bei den Leuten steht und die von einer solchen Parade ausgelöste Angst spürt, dann ist das Zeugnis genug dafür, wie die Situation ist.« Auf den Straßen kann man die Bemerkung hören: »Nehmt einige fest, werft sie ins Gefängnis, tötet einige.«

Diese Kampagne ist nicht nur ein Versuch, die tatsächliche »Verbrechenswelle« unter Kontrolle zu bringen, von der China heimgesucht wird, sondern auch ein Versuch, jugendliche Arbeitskräfte für die Entwicklung der unterbesiedelten Provinzen zu beschaffen. Das sind die Provinzen an den westlichen und nordwestlichen Grenzen mit ihren verheerenden klimatischen, nahezu unerträglichen Lebensbedingungen. Eine Tageszeitung in Shanghai berichtete kürzlich, daß »12 000 beschäftigungslose Jugendliche sich freiwillig bereit erklärten, bei der Entwicklung des Landes zu helfen« — das heißt, »auf nach Westen, junger Mann«, ob es dir paßt oder nicht.

Wer der Touristenroute folgt, der berichtet nicht über Arbeitslosigkeit, Verbrechen, nur von »glücklichen, lächelnden Menschen«. Diese Besucher sollten sich die Unterhaltung in den Seitenstraßen jeder größeren Stadt anhören, wo »leerstehende Gebäude in zeitweilige Haftanstalten umgewandelt werden. Den Verhafteten wird oft die städtische Aufenthaltserlaubnis (für das Wohnen in den Städten braucht man eine Genehmigung) beschlagnahmt. Dann werden sie zur Besserung durch Arbeit in ferne Provinzen verladen«.

Nach chinesischem Recht ist ein Urteil bis zu zwei Jahren eine »administrative Strafe«, die keiner Revision bedarf.

In den chinesischen Großstädten verhört die Polizei dem Vernehmen nach Jugendliche, die auf öffentlichen Plätzen herumlungern, und verhaftet jeden, dessen Antworten unzureichend erscheinen.

Ein anderer Einwohner berichtet: »Jeden Abend hören wir die Auseinandersetzungen, die Handgemenge und dann die Sirenen.« Ein Tourist, der ohnehin kein Chinesisch versteht, erfährt davon nichts.

China ist eine scharf kontrollierte, totalitäre Gesellschaft, und jeder Zoll Freiheit muß mit vielen Metern Leiden erkauft werden. Es ist nicht zu erwarten, daß sich hieran in der nächsten Zukunft etwas ändert.

Diese »Antikriminalitätskampagne« brachte für die Christen aus mehreren Gründen Schwierigkeiten mit sich. Manche Gesetze können sie nicht einhalten, wie etwa Abtreibung oder Kindestötung. Damit fallen sie unter die Kategorie der »Antirevolutionäre«.

In Gegenden, die einen hohen Anteil an Christen aufweisen, ist ein entsprechend niedriger Stand der Kriminalität. Das bedeutet, daß Christen wegen des Quotensystems gefaßt werden, auch wenn sie noch so unschuldig sind.

Das offizielle Dokument, in dem die Kampagne angekündigt wird, enthält eine Kategorie 5, zu der das »Organisieren reaktionärer Gruppen« und die »Benutzung von feudalistischem Aberglauben zur Teilnahme an antirevolutionären Aktivitäten« gehört. Die Versammlung einer Hausgemeinde kann als »Organisieren einer reaktionären Gruppe« qualifiziert werden. Die Bereitstellung von Bibeln, Wanderprediger und Dolmetscher wären nicht nur antirevolutionär, sondern »feudalistischer Aberglaube«. Darin liegt der Grund, warum in Zentralchina einmal »dreißig Leiter von Hausgemeinden verhaftet wurden«.

Die Situation stellt sich wie folgt dar:

1. Gottes Volk und gottesfürchtige christliche Leiter werden verhaftet oder starkem Druck ausgesetzt.
2. Die Partei nimmt in Übereinstimmung mit ihrer im März 1982 formulierten Religionspolitik die Hausgemeinden an die Kandare.
3. Der PBDS-Christliche Rat von China ist das Organ, mit dem die Christen unter Druck zum Konformismus gezwungen werden sollen, trotz geschickt aufgezäumter Public-Relations-Übungen in China und im Ausland, um die Welt davon zu überzeugen, daß volle Religionsfreiheit herrscht und daß sie die einzig »wirkliche« Kirche in China sind.

Die Situation ist zwar ernst, aber nicht so schlimm wie während der Kulturrevolution, als alle Religionen rabiat verfolgt wurden. Zumindest können die Menschen »offene« Kirchen besuchen und von irgendeinem Pfarrer das Evangelium hören. Die Situation gleicht der in den fünfziger Jahren, als die PBDS von der Partei zur genauen Kontrolle der Kirche benützt wurde. Der große Unterschied liegt jedoch darin, daß die Kirche heute weiser und geistlich stärker geworden ist als damals, von der zahlenmäßigen Stärke ganz zu schweigen.

»Viele Christen sind durch die Prüfungen der fünfziger und sechziger Jahre gegangen. Selbst wenn die Drangsal der Hausgemeinden mit weit mehr Verhaftungen noch zunehmen sollte, wird die Kirche in China überleben, und das Evangelium wird sich weiter ausbreiten. Die Methoden des Überlebens und der Verbreitung, die von den Hausgemeinden in den letzten zwanzig Jahren auf Grund von Erfahrungen entworfen wurden, versetzen sie in einen guten Stand.«

Vernünftigerweise sollte man davon ausgehen, daß China ein totalitärer Staat ist und weiter bleiben wird. Mehr als eine Milliarde Menschen werden von der Elite einer Handvoll Funktionären beherrscht.

SCHLUSSWORT ÜBER DIE PBDS

Die *Patriotische Bewegung der Dreifachen Selbstbestimmung* wird ihre Tätigkeit auch weiterhin fortsetzen. Wir sollten aber nicht zuviel Zeit auf Bischof Ting, den gegenwärtigen Leiter der offiziellen Geistlichkeit, verschwenden. Er ist ersetzbar und tut nur, was man ihn heißt. Die wirkliche Macht kommt aus Beijing, und deshalb gilt für die PBDS:

1. Sie wird weiter ein Teil des offiziellen Parteiapparates sein mit dem einzigen Ziel, die letzte Spur des »Aberglaubens«, das heißt des Christentums in China zu identifizieren und dann zu vernichten. Man wird aus Gründen des Images die »offiziellen Kirchen« weiterführen, aber keinerlei Programm einer Evangelisation aufnehmen.

2. Sie wird weiter die offizielle Sprecherin der Protestantischen Kirche Chinas sein. Man sollte sich vor Augen halten, wie wichtig für Beijing das Image ist. Chou Enlai bereitete sich auf den Empfang des französischen Ministerpräsidenten vor. Zu dieser Zeit waren alle katholischen Kirchen geschlossen, und die meisten Priester saßen im Gefängnis. Chou veranlaßte, daß eine der Kirchen (sie wurde als Getreidespeicher benutzt) geöffnet, der Altar

restauriert, ein Priester aus dem Gefängnis und die dazugehörigen Gewänder aus einem Schrank geholt wurden — und damit war alles für eine Messe bereit. Der Premier beschloß, die Messe nicht zu besuchen. Deshalb wurden die Bretter wieder angenagelt, der Altar niedergerissen, die Gewänder verschwanden zusammen mit dem Priester.

Die PBDS wird weiter versuchen, Kirchenführer aus dem Westen, vor allem solche, die im Lichte der Öffentlichkeit stehen, zu einem »Besuch in China« zu überreden und zeigen, wie sehr die Religionsfreiheit eine Realität ist. Manche mögen vor diesen Bemühungen kapitulieren mit der Maßgabe, es sei eine Chance, vor kommunistischen Funktionären zu predigen. Das chinesische Volk wird keinen dieser »berühmten Prediger« kennenlernen. Die Schau wird für Zuschauer außerhalb Chinas aufgezogen, nicht für diejenigen, die für die Fernsehkameras in die Kirche geschickt werden.

3. Die PBDS wird alle ihr zur Verfügung stehende Macht einsetzen, um die Hausgemeinde in Wort und Tat unter den offiziellen Schirm der PBDS zu bringen, was nichts anderes bedeutet, als sämtliche Hausgemeinden zu schließen und die Pfarrer in »Umerziehungslager« zu schicken.

DIE BOTSCHAFT »VON GOTT UND SEINER LIEBE«

Der christliche Rundfunk wird bei der Errichtung der Kirche auch weiter eine wesentliche Rolle spielen, trotz der öffentlichen Ankündigung der PBDS, daß »christliche Radioprogramme in ihrem Charakter feindlich sind und die Gläubigen sie nicht hören sollten«.

Es ist jedoch zu hoffen, daß bei den christlichen Sendungen ein neues Schwergewicht auf eine exegetische Bibelverkündigung gelegt wird.

In der Hausgemeinde Chinas besteht heute dringender Bedarf an einer Bibelverkündigung über Fragen der Leitung, der Kirchenältesten, der Geistesgaben wie aller Lehren, die nur aus einem Verständnis des Wortes Gottes erwachsen können.

Mehr als bisher muß man sich über folgendes klar werden:

1. Die bestmögliche evangelische Botschaft ist die Auslegung.
2. Eine gute Auslegung, die jeweils immer ein Buch der Bibel behandelt, wird über einen gewissen Zeitraum alle Fragen innerhalb einer Gruppe von Gläubigen beantworten und zugleich Argumente gegen den Darwinismus liefern.
3. Die Aufgabe des christlichen Rundfunks ist nicht so sehr, mit anderen Organisationen wie der Stimme Amerikas, Radio Moskau etc. in Konkurrenz zu treten, sondern die Erfüllung einer einzigartigen Mission, Programme anzubieten, wie sie kein anderer ausstrahlt: biblische Verkündigung.

In China ist es illegal, von der Kanzel (gleichgültig ob Amtskirche oder inoffizielle Hausgemeinde) die Wiederkunft Christi zu verkündigen. Der christliche Rundfunk hat hier eine Möglichkeit, die voller Hoffnung ist.

ÜBERSEECHINESEN: »GEHET HIN ...« IN EURE WELT

Die Zukunft der Kirche in China kann durch Überseechinesen in großem Maße verändert werden. Diese Gruppe (mit Ausnahme der meisten Auslandschinesen in Hongkong) veranstaltet viele Versammlungen zum Thema »Wie man China erreichen kann«, in Wirklichkeit aber wird jedoch wenig getan. Doch die christlichen Auslandschinesen können ihren Beitrag leisten. Wie der Rundfunk als »elektrischer Reiseprediger« unseres Jahrhunderts bezeichnet werden kann, so könnten die Auslandschinesen mit ihrer Ausbildung, Sprache und Volkszugehörigkeit die »Reiseprediger im eigenen Land« werden. Zugegeben, eine solche Aufgabe ist mit erheblichen Risiken verbunden. Die Regierung läßt tatsächlich »Spione« hinrichten, und es kann geschehen, daß sie als solche qualifiziert werden. Tatsächlich überwiegen die Chancen jedoch bei weitem das Risiko.

Sie können von zwei jungen Männern in China lernen, die nur wenig Ausbildung in der Heiligen Schrift hatten, aber an die Mission glaubten. Sie ließen sich in der Antikriminalitätskampagne verhaften, damit sie auf diese Weise als Missionare mit den anderen »Verbrechern« mitgehen konnten, die zum »Wiederaufbau der Grenze« weggeschickt wurden. Sie waren überzeugt, daß diese Möglichkeit ein Leben in Zwangsarbeit weit aufwog.

DAS WORT

Hinsichtlich des gedruckten Wortes geht der Streit um die Moral des »Schmuggelns« von Bibeln und anderer Literatur nach China weiter. Die PBDS prangert dieses Vorgehen wortreich an, wie ihre gleichgesinnten Brüder außerhalb von China. Die Zollbeamten werden auch in Zukunft das Gepäck der Reisenden durchsuchen und beschlagnahmen, was immer sie finden. Bestehen bleibt das Versprechen der PBDS, eine neue Ausgabe der Bibel in China selbst zu drucken. Das wird jedoch wie ein Tropfen auf dem heißen Stein bleiben.

Man sollte die Frage dem persönlichen empfindlichen Gewissen derer überlassen, welche die Bitte um Bibeln stellen, und dem Personenkreis, der die »Lieferungen« besorgt. Wir können weiter darüber diskutieren, solange wir dabei nicht der eigentlichen Situation schaden.

DAS BEVÖLKERUNGSPROBLEM

Das Bevölkerungsproblem wird für die Volksrepubik China noch lange nicht ausgestanden sein. Die offizielle Bevölkerungszahl liegt augenblicklich bei 1,29 Milliarden, und sie wächst stündlich weiter. Alle diese Menschen müssen ernährt, untergebracht, ausgebildet und davon überzeugt werden, daß sie sich nicht weitervermehren dürfen. Für die Zukunft kann erwartet werden:

1. Eine noch wesentlich straffere Geburtenkontrolle wird die Massenabtreibung weiter ansteigen lassen. Damit ergeben sich vor allem für Christen große Schwierigkeiten, die in China ebenso wie in anderen Teilen der Welt einen Fötus als ein von Gott geschenktes lebendiges Wesen ansehen.

2. Das Gesetz, das einer Familie nur ein Kind zubilligt, wird noch rigoroser durchgesetzt werden. Auch kommt auf die Christen wieder eine besondere Belastung zu, die sich dem Säuglingsmord energisch widersetzen (vor allem der Tötung von Mädchen), während sie doch gleichzeitig den Wunsch nach einem männlichen Kind haben, das die Tradition weiterführen und sie im Alter versorgen kann.

China weist nicht nur die größte Zahl entschiedener Christen in der Welt auf, es scheint auch vor den größten anscheinend unüberwindlichen Belastungen zu stehen, für die sich zumindest in der vorhersehbaren Zukunft keine Lösung abzeichnet.

HONGKONG: FENSTER, TOR, NOTAUSGANG

Hongkong könnte am bedeutsamsten für die geistliche Zukunft Chinas werden, mindestens im Hinblick auf die Medien. Die Sachlage weist nicht zurück auf das Jahr 1949 wie so vieles, sondern auf das Jahr 1842, als Großbritannien auf Grund von drei Verträgen Hongkong erwarb. Im Jahre 1898 wurde Großbritannien in einem weiteren Vertrag noch ein Gebiet von 350 Quadratmeilen zugeschlagen, die als die »New Territories« bekannt sind.

Die Insel Hongkong und der Teil der New Territories, den man Kowloon nennt, sind die Teile Hongkongs, in denen sich die großen Hotels befinden. Die Insel Hongkong mit Kowloon sollten für eine nicht festgelegte Zeit bei Großbritannien bleiben, die übrigen Gebiete der New Territories aber am 30. Juni 1997 an China zurückfallen.

Nun will China alles zurückhaben, die New Territories und Hongkong/Kowloon. Man strebt keine Scheidung an, sondern eine Annullierung. Beijing steht auf dem Standpunkt, daß die Verträge unter Zwang zustandegekommen seien, nämlich unter Waffendrohung, die »Ehe« sei also nie vollzogen worden.

Bereits im November 1983 setzte China Großbritannien eine Frist bis 1984. Großbritannien erklärt, es wolle die Dinge nicht überstürzen, doch China beharrt darauf, daß es seit annähernd 100 Jahren warte und nun Hongkong zurückhaben wolle.

Dollarbeträge in Millionenhöhe verlassen jede Woche die Insel zusammen mit vielen Einwohnern chinesischer Abstammung, die ein Visum für jedes Land bekommen können, das sie aufnehmen will.

Diese Aktivitäten lassen den Grund für Chinas Ungeduld erkenne. Würde es bis 1997 warten, wäre nichts mehr übrig außer leeren Gewölben und hochaufragenden Appartementhäusern.

Die in Hongkong lebenden Chinesen sind in ihrer Mehrzahl

vorwiegend in den letzten vierzig Jahren vor dem kommunistischen Regime geflüchtet oder haben Angehörige, die geflüchtet sind, doch nun in Drittländern leben. Diese Menschen wollen nicht Gefahr laufen, unter demselben Regime leben zu müssen, dem sie entkommen sind. Nichts würde Beijing daran hindern, sie noch ein weiteres Mal »umzuerziehen«.

Diese »Umerziehung« würde wahrscheinlich an verschiedenen Orten außerhalb Hongkongs erfolgen und nicht den gesamten Familienverband umfassen.

Ein großer Teil der 5,5 Millionen Chinesen Hongkongs befindet sich in dieser Lage. Sie haben keine Möglichkeiten, in andere Ländern zu gehen. Sie haben das Ende der Linie erreicht und sind Kandidaten für ein weiteres Umerziehungsprogramm an Chinas Westgrenzen.

Hongkong hat auch noch aus anderen Gründen Bedeutung, die der Betrachtung wert sind.

1. Es ist das Fenster nach China. Die Christlichen Forschungszentren in Hongkong, die die Welt über die Tätigkeit der Patriotischen Bewegung der Dreifachen Selbstbestimmung auf dem laufenden halten, wären der neuen Regierung bestimmt nicht willkommen. Damit würde nicht nur das Fenster zur Kirche Chinas geschlossen, sondern fest versperrt werden.

2. Die Verteilung von christlicher Literatur in China erfolgt fast ausschließlich von Hongkong aus. Damit wäre dann Schluß.

3. Hongkong besitzt heute eine blühende evangelische Gemeinde, die dann jedoch äußerst gefährdet würde.

4. Parakirchliche Tätigkeiten, die nicht nur China, sondern auch anderen Ländern Asiens dienen, würden zum Stillstand kommen.

China wird die Kontrolle über Hongkong übernehmen, und zwar lange vor 1997. Viele Christen werden bleiben müssen und einer Zukunft entgegensehen, die noch prekärer ist als vor ihrer Flucht. Es dürfte aber keine großangelegte Verfolgung geben, zumindest zunächst nicht; das erfolgt später.

ZUSAMMENFASSUNG

Über die Zukunft der Kirche in China lassen sich keine genauen Voraussagen machen — wer hätte schon voraussagen können, was in den letzten zehn Jahren geschehen ist. Wir meinen jedoch, daß man mit einem vertretbaren Maß an Zuverlässigkeit folgende Voraussagen machen kann:

1. China wird ein streng kontrollierter totalitärer Staat bleiben.
2. Es wird noch mehr Antikriminalitätskampagnen geben, um damit die Menschen unter schärfere Kontrolle zu bringen.
3. Die PBDS wird versuchen, weiterhin eine wirksame Kontrolle über die Hausgemeinden auszuüben.
4. Die Hausgemeinde wird weiter wachsen.
5. Der Rundfunk wird eine wichtige Quelle für die Unterrichtung der Christen bleiben.
6. An die Christen werden weiter Bibeln verteilt.
7. Auslandschinesen werden die Gelegenheit bekommen, als Missionare in einer Art tätig zu werden, wie sie nicht jeder Generation möglich ist.
8. Das Bevölkerungsproblem wird andauern und ernsthafte Probleme für Christen schaffen, die sich weigern, den ungeschriebenen Gesetzen von Abtreibung und Kindesmord oder den geschriebenen Gesetzen vom Einzelkind pro Familie zu folgen.
9. China wird Hongkong übernehmen, behutsam, rasch und mit möglichst wenig Aufsehen, und zwar als »Kostümprobe« für eine ähnliche Aktion in Taiwan.

Jedes einzelne dieser Probleme würde ausreichen, um einen Menschen aus dem Westen »in die Knie zu zwingen«, doch China scheint die Geschmeidigkeit zu besitzen, die für das Überleben notwendig ist. Vielleicht hat der Herr deshalb die Menschen dort mit den großen Wahrheiten beschenkt, wie sie die Urgemeinde in der Apostelgeschichte hatte.

11 Durchs Drehkreuz hinaus

Ich bin mir auf bedrückende Weise der Tatsache bewußt, daß das, was ich gesehen und gehört habe und in einem bescheidenen Bericht darzustellen versuchte, in mir eine heftige Dissonanz auslöst. Die Begegnung mit der Hausgemeinde in China hat nicht nur den Nerv meines zwar nicht unbedingt bequemen, aber doch selbstzufriedenen evangelischen Lebensstils bloßgelegt und getroffen.

Die Apostelgeschichte war immer schon erregend zu lesen — ein Bericht vergangener Dinge, wie die Offenbarung ein Bericht zukünftiger Dinge ist. Nie aber hätte ich mir träumen lassen, daß beide in der Wirklichkeit zusammentreffen könnten. Doch ich konnte Augenzeuge sein, wie das geschah. Mehr als alles andere wünsche ich mir, selbst in die Arena zu eilen, ganz gleich, welche Konsequenzen das hat. Dann merke ich jedoch, daß ich nur ein Zuschauer bin.

Auf dem Weg über den Parkplatz zurück zu meinem wohlmarkierten Existenzterritorium mit den abgegrenzten weißen Linien, die meinen Glaubensbereich bezeichnen, formen sich in meinem Geist einige Gedanken, denen ein Hauch von Eifersucht gemischt mit einer tiefen Traurigkeit anhaftet.

Während ich große Weltkonferenzen über Evangelisation besuche, kämpft ein Volk mutvoll in der Arena und treibt Evangelisation.

Während ich Vorträge und Glaubenserklärungen mit einem Kugelschreiber in irgendeinem Tagungszentrum unterzeichne, lebt hier ein Volk, das einen Bund mit seinem Blut unterzeichnete.

Während ich ein Buch darüber lese, wie man ein »erfolgreicher« Christ wird, ist hier ein Volk ganz ohne Regeln erfolgreich.

Während ich mit begierigen Ohren auf Argumente höre, ob Zeichen und Wunder heute noch möglich sind, ist hier ein Volk, das sie erlebt.

Während ich die Bedeutung der Geistesgaben für diese Zeit untersuche und darüber debattiere, ist hier ein Volk, das sie besitzt — und zwar alle.

Als ich meinen Wagen erreiche, aufschließe und mich hinter das Lenkrad setze, muß ich meinen Kopf für einen Augenblick zurücklehnen und ausruhen. Mit einem tiefen Atemzug dringt der

»Geruch« der Arena in meine Nase. Doch da ist noch etwas anderes. Ein eigener Duft füllt meine Lungen und reinigt meinen Geist, der den Gestank von Blut, Schweiß, verdorbenem Essen und Gefängnisdreck überdeckt.

Mein ganzes Wesen wird von einem neuen Lied bestimmt. Die schwingenden erhebenden Choräle werden von der zitternden Stimme eines alten Mannes überdeckt: »Und wenn ich tausend Hände hätte, mit tausend Fingern an jeder Hand, voll Glück würde ich nochmal beginnen.«

Ich spüre seine entstellten, verbrannten und vernarbten Finger sanft über meine unversehrten Hände gleiten und höre, wie er zu mir spricht: »Einst habe ich diese Finger gebraucht, um einem Instrument Musik zu entlocken. Doch nun habe ich Jesus Christus, und mein Herz ist selbst voll Musik.«

Jetzt ist es an mir, Tränen zu vergießen.

Hier ist ein Volk, das zu erfassen scheint, wie ich es wohl niemals begreifen werde, daß es auf dem Weg nach Pfingsten keine Schleichwege gibt. Der Bau der Kirche Christi ist eine Schlacht, die Kampf um Kampf gewonnen werden muß, im großen und im kleinen.

Hier ist ein Volk, das erkennt, daß das Leben ein einziger langer Krieg ist, und wie in jedem Krieg müssen wir Todesfälle erwarten und akzeptieren. Es gibt Verwundungen, Leid, und es gibt Tote. Diese Menschen verstehen, daß das Leben kein Spielplatz, sondern ein Kampffeld ist. Sie werden Christen und treten jeden Tag in die Bibelschule des Lebens ein. Sie sind bereit, jeden Preis zu bezahlen, der von ihnen verlangt wird.

Ich sehe die Kirche Chinas, wie sie willig in die Finsternis von Gethsemane schreitet. Sie könnte dazu einfach Nein sagen, und wer wagte es, sie dafür zur Verantwortung zu ziehen? Nach allem, was sie durchgestanden hat, hätte sie sicher Anspruch auf Ruhe. Sie hätte sagen können: »Nein, ich kann keinen weiteren Verrat eines Bruders oder einer Schwester ertragen.«

»Nein, ich ertrage keine weiteren Schläge, keinen weiteren Tag der Demütigung, keinen weiteren Augenblick geistiger Pein.«

»Nein. Ich kann keinem geliebten Menschen mehr Lebewohl sagen.«

»Nein ... nein ... nein ...«

Doch die Kirche Chinas sagte dies alles nicht.

Man verläßt Gethsemane als Verräter, oder man bleibt und kämpft. Sie blieben und kämpften.

Sie müssen ohne Zweifel begriffen haben — auf eine Weise, die ich nie verstehen werde — was es heißt, in Angst und Pein zu kämpfen, während die übrige Christenheit schläft.

Ohne Zweifel erkannten sie, daß es nicht ausreichte, von dem befreit zu werden, was sie waren, daß sie auch die Kraft brauchten, so zu werden, wie Gott sie haben will. Langsam und gewiß können wir die stille Prozession aus jedem Teil Chinas verfolgen, wie sie ihren Weg bergan gingen hinauf nach Golgatha. Wir vernehmen das scharrende Geräusch einer Schaufel, und dann den dumpfen Stoß, wie ein Kreuz aufgerichtet wird, das Klopfen von Nägeln. Und langsam wichen alte abergläubige Vorstellungen, Ahnenverehrung, das bittere Gefühl, vergessen worden zu sein, Streben, Wünsche, Sicherheit, die Bequemlichkeiten des Lebens. Auf den Hügeln Chinas hingen Jahrhunderte der Geschichte am Kreuz. Ein Nero des zwanzigsten Jahrhunderts half, die Kirche Chinas zu reinigen.

Alles war hier beisammen:

— Die furchtbare Behandlung durch die Soldaten Maos und damit die Roten Garden.

— Der Weg zu den Plätzen der Städte, wo sie angespuckt, ungerecht verurteilt wurden, während die Menge ringsum johlte: »Bestraft sie! Bestraft sie!«

— Die schmachvollen Gänge durch die Dörfer mit einer Tafel auf dem Rücken, auf der in fettgedruckten Buchstaben ihre »Verbrechen« standen, damit jeder es lesen und seine Verachtung äußern konnte.

— Die Narrenkappe, die wie eine Dornenkrone auf den Kopf drückte, während sie für einen kurzen Augenblick in die Augen derer blickten, die früher gesagt hatten: »Ich mag dich gern«, und die nun mit der Masse schrien: »Tötet sie!«

— Die Schläge, denen sie auf dem ganzen Weg bis zum Gefängnis vor den Stadttoren ausgesetzt waren.

Doch dann geschah etwas!

Es ist vorbei! Was ist vorbei? Keine Sorgen mehr? Keine Schmerzen mehr? Doch, sie sind immer noch da, aber auf jede Wunde, die man ihnen schlägt, wird nun die Salbe von Gilead aufgetragen. Für jedes »warum« gibt es nun ein »warum nicht«.

Sie sprechen, wie sie nie zuvor gesprochen haben. Ihre Feinde sind verwirrt und erschreckt. Ihre Worte wandeln sich in Pfeile, die in die Herzen ihrer Peiniger dringen. Kranke werden gesund. Aus »Hilfe« wird »Halleluja«.

Beobachter aus anderen Ländern hatten Schwierigkeiten, zu verstehen, was sie sahen, daß Gott den Zorn des Menschen wirklich zu seinem Lob umkehrt; daß Verfolgung nicht zerstört, sondern aufbaut; daß er seine Gemeinde baut, und daß die Pforten der Hölle sie nicht überwinden kann. Sie sahen ein Volk, das nicht die tödlich Verwundeten zählte, sondern die Überlebenden.

Ich könnte noch lange fortfahren. Das Herz verlangt, wieder in die Arena zurückzukehren, doch dann dämmert die Erkenntnis, daß sich Drehkreuze nur in einer Richtung drehen. Vielleicht gibt es irgendwann eine andere Arena, und ich werde dort sein, doch in der Zwischenzeit bin ich hier...

Man wischt sich die Augen, läßt den Motor an und biegt ruhig auf die Schnellstraße und die Realitäten des Lebens ein. Tränen fließen weiter, doch nicht die bitteren Tränen von Angst, Schuld und Reue. Es sind tröstende Tränen des Lobpreises und der Danksagung.

Mitten im Verkehrsgewühl formen sich langsam und klar die Worte: »Ich danke dir, China, daß du bereit bist, den Preis zu bezahlen.«

Dank all jenen, die schon gestorben sind, die ungezählten Millionen in namenlosen Gräbern. Dank all jenen immer noch gesichtslosen Vergessenen, die in irgendwelchen Gefängnissen schmachten, die in dieser Stunde noch verhaftet sind, und Dank jenen, die sich verhaften lassen, um als Missionare in die Zwangsarbeitslager mitzugehen. Euch allen sei Dank!

Dank jener Frau, die zu zwölf Jahren Latrinensäubern verurteilt war und ihre Strafe vergaß, weil sie singen und den Herrn preisen konnte. Sie bekannte: »Ich hatte die saubersten Toiletten im ganzen Krankenhaus.«

Dank auch einem Angehörigen der gebildeten Oberschicht, der ein ähnliches Schicksal teilte und später bezeugte: »Als ich die Latrinen schrubbte, weinte ich bei dem Gedanken, was der Herr für mich getan hat. Mein Herz war einst wie eine dieser Latrinen, doch er starb, um mich rein zu machen. Als ich daran dachte, schrubbte ich um so fester.«

Ich könnte die Liste immer weiterführen. So weit ich mich erinnern könnte, der Dank hätte kein Ende.

Robert Clouse (Hrsg.)

DER CHRIST UND DER KRIEG

4 Standpunkte
Edition C, Nr. D 7
168 Seiten

Dürfen Christen an einem Krieg teilnehmen? Wenn ja, unter welchen Bedingungen? Wenn nein, warum nicht? Diese Fragen werden bereits seit Jahrhunderten immer wieder diskutiert und durchlitten. In diesem Buch werden vier Standpunkte zur Diskussion gestellt:

Gewaltlosigkeit
Christen dürfen als Nichtkämpfer an einem Krieg teilnehmen.

Der christliche Pazifismus
Christen dürfen unter keinen Umständen in irgendeiner Weise an einem Krieg teilnehmen.

Die Theorie des »gerechten Krieges«
Christen dürfen nur an einem Verteidigungskrieg teilnehmen.

Der »Kreuzzug« oder »präventiver Angriffskrieg«
Christen dürfen an einem Krieg teilnehmen, um einen Angriff abzuwehren bzw. zu verhindern oder um abscheuliches Unrecht zu korrigieren.

Vier profilierte Theologen, jeweils ein Verfechter eines Standpunktes, stellen ihre Thesen dar, zu denen die anderen Stellung beziehen.

Verlag der Francke-Buchhandlung GmbH
Marburg an der Lahn